Cinq leçons sur la théorie
de Jacques Lacan

Du même auteur

« Métaphore et Phallus », contribution à *Démasquer le réel,* S. Leclaire (dir.), Le Seuil, 1971.

L'Inconscient à venir, Bourgois, 1980.

(dir.), *Aux limites du transfert,* Rochevignes, 1985.

(dir.), *Le Silence en psychanalyse,* Rivages, 1987.

Les Yeux de Laure. Le concept d'objet a *dans la théorie de Jacques Lacan,* Aubier, 1987.

L'Enfant du miroir (en collaboration avec Françoise Dolto), Rivages, 1987 ; rééd. « Petite Bibliothèque Payot », 1992.

L'Hystérie ou l'Enfant magnifique de la psychanalyse, Rivages, 1990 ; rééd. « Petite Bibliothèque Payot », 1995.

Enseignement de 7 concepts cruciaux de la psychanalyse, Rivages, 1988 ; rééd. « Petite Bibliothèque Payot », 1992.

L'Inconscient à venir, Rivages, 1993.

(dir.), *Introduction aux œuvres de Freud, Ferenczi, Groddeck, Klein, Winnicott, Dolto, Lacan,* Rivages, 1994.

Le Livre de la douleur et de l'amour, Payot, 1996.

Petite Bibliothèque Payot / 203

J.-D. Nasio

Cinq leçons sur la théorie de Jacques Lacan

Les pages qui suivent ne visent en aucune manière à être exhaustives, ni à dire le vrai sur le vrai de l'œuvre lacanienne. Ces leçons exposent ce qui constitue à mes yeux les deux grands piliers de la théorie de Jacques Lacan, l'inconscient et la jouissance, ainsi que les concepts qui en dérivent, ceux de signifiant, de sujet de l'inconscient et d'objet *a*. J'ai dû renoncer à traiter de nombreux aspects de cette œuvre et me concentrer seulement sur les concepts qui selon moi, révèlent au mieux la logique implicite de la pensée de Lacan. C'est donc un Lacan « mien » en quelque sorte que je présente dans ces pages. Aussi l'image de Lacan reflétée par ce livre n'est-elle pas celle de l'homme, de ses écrits, ou de son style, mais celle d'une logique, un schéma essentiel de la pensée qui me guide dans la pratique avec mes patients.

Le meilleur enseignement que j'ai reçu de Lacan est cette liberté de traiter un auteur jusqu'à le recréer.

Je voudrais exprimer ici ma reconnaissance à Ana Bedouelle d'avoir bien voulu traduire de l'espagnol une toute première ébauche de ce texte.

Première Leçon

Les deux concepts majeurs : l'Inconscient et la Jouissance

*

Deuxième Leçon

L'Inconscient

*

Troisième Leçon

Le concept d'Objet a

*

Quatrième Leçon

Le Fantasme

*

Cinquième Leçon

Le Corps

*

Conférence

Le concept de Sujet de l'inconscient

Première leçon

Les deux concepts majeurs : l'Inconscient et la Jouissance

Le symptôme

Signe et signifiant

L'inconscient et la répétition

Qu'est-ce que la jouissance ?

Jouissance phallique, plus-de-jouir et jouissance de l'Autre

Le plaisir

J'ai choisi de vous présenter les deux principes fondamentaux de la théorie psychanalytique de Jacques Lacan, l'un relatif à l'inconscient, l'autre relatif à la jouissance. Le premier principe s'énonce : « *L'inconscient est structuré comme un langage* » ; le second : « *Il n'y a pas de rapport sexuel* ». Je dirais que ces deux principes sont les piliers qui soutiennent l'édifice théorique de la psychanalyse, les prémisses d'où tout découle et où tout retourne, et qui fondent une éthique du psychanalyste. En effet, si le psychanalyste reconnaît ces propositions et les soumet à l'épreuve de sa pratique, son écoute s'en trouvera singulièrement modifiée. Pour me guider, je vais me servir d'un concept, celui de *symptôme,* qui nous conduira d'abord au principe relatif à l'inconscient puis à celui relatif à la jouissance. Admettons donc pour le moment la triade : symptôme, inconscient et jouissance, et posons immédiatement la question : Qu'est-ce pour nous qu'un symptôme ?

La triade symptôme, inconscient et jouissance

Le symptôme est à proprement parler un événement dans l'analyse, une des figures sous lesquelles se présente l'expérience. Toutes les expériences analytiques ne sont pas des symptômes, mais tout symptôme manifesté au cours de la cure constitue une expérience analytique. L'expérience est un phénomène ponctuel, un moment singulièrement privilégié qui marque et jalonne le chemin d'une analyse. L'expérience est une série de moments attendus par le psychanalyste, de moments fugaces, et plus encore idéaux, aussi idéaux que des points en géométrie. Et pourtant, l'expérience n'est pas seulement un point géométrique abstrait ; elle a aussi une face empirique, je dirais même sensible, une face perceptible par les sens qui se présente comme *cet instant où le patient dit et ne sait pas ce qu'il dit.* C'est le moment du balbutiement, là où le patient bégaie, l'instant où il hésite et sa parole défaille. On dit que les psychanalystes lacaniens s'intéressent au langage, et on les assimile à tort aux linguistes. A tort, car les psychanalystes ne sont pas des linguistes. Les psychanalystes certes s'intéressent au langage, mais ils s'intéressent seulement à la limite où le langage bute. Nous sommes attentifs aux moments où le langage fourche et la parole dérape. Prenons un rêve par exemple : nous accorderons plus d'importance à la manière dont le rêve est raconté qu'au rêve lui-même ; et non seulement à la manière dont il est raconté, mais surtout au point précis du récit où le patient doute et dit : « Je ne sais pas... je ne me rappelle plus... peut-être... probablement... » C'est ce point que nous appelons *expérience,* la face perceptible de l'expérience : un balbutiement, un doute, une parole qui nous échappe.

L'expérience analytique

Voilà pour la face empirique. Venons-en maintenant à la face abstraite de l'expérience analytique et complétons notre définition. J'avais dit que l'expérience constituait le point limite d'une parole, l'instant où la parole échoue. Mais à présent j'ajoute : là où la parole échoue, apparaît la *jouissance*. Nous avons changé, nous sommes maintenant installés dans un registre radicalement autre. Nous quittons l'ordre empirique du sensible, pour entrer dans celui de l'élaboration théorique. La théorie analytique postule en effet qu'au moment où le patient est dépassé par son dire, surgit la jouissance. Pourquoi ? Qu'est-ce que la jouissance ? Laissons momentanément cette question de côté, pour y revenir lorsque nous aborderons le deuxième principe sur la non-existence du rapport sexuel. Travaillons pour l'instant le concept de symptôme et engageons-nous sur la voie du premier principe, qui, comme nous allons le voir, affirme que l'inconscient est un savoir structuré comme un langage.

*

*   *

Posons-nous de nouveau la question : Qu'est-ce qu'un symptôme ? Nous savons communément que le symptôme est un trouble qui fait souffrir et renvoie à un état malade dont il est l'expression. Mais en psychanalyse, le symptôme nous apparaît autrement que comme un trouble qui fait souffrir, il est

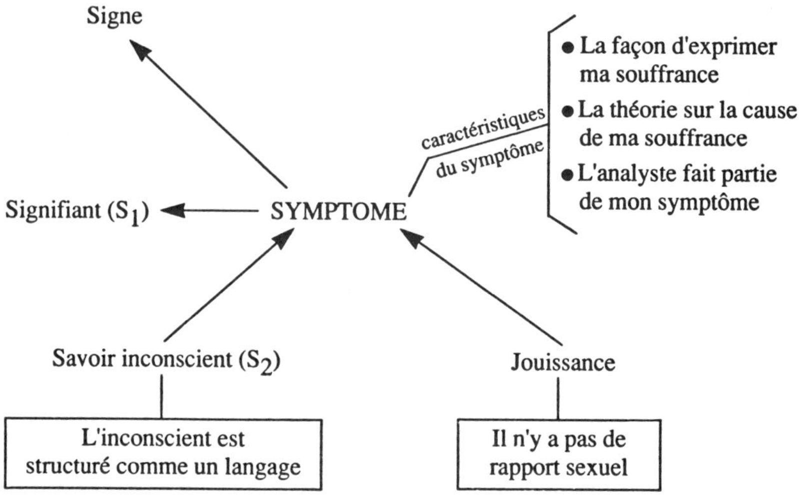

Figure 1

La triade symptôme, savoir et jouissance

Je remercie Fernando Bayro-Corrochano pour sa collaboration à la mise en page des schémas.

surtout un malaise qui s'impose à nous, au-delà de nous, et nous interpelle. Un malaise que nous décrivons avec des mots singuliers et des métaphores inattendues. Mais que ce soit une souffrance, ou un mot singulier pour dire la souffrance, le symptôme est avant tout un acte involontaire, produit au-delà de toute intentionnalité et de tout savoir conscient. C'est un acte qui ne renvoie pas tant à un état malade qu'à un processus appelé inconscient. Le symptôme est pour nous manifestation de l'inconscient.

Les trois caractéristiques du symptôme

Un symptôme revêt trois caractéristiques (figure 1). La première, c'est la façon dont le patient dit sa souffrance, les détails inattendus de son récit et en particulier, ses paroles impromptues. Je pense à cette analysante qui par exemple, me fait part de son angoisse d'avoir à traverser un pont et dit : « Ça m'est très difficile d'y aller, je n'y arrive pas, sauf si je suis accompagnée... Parfois j'ai pu traverser seule, lorsque je voyais de l'autre côté du pont la silhouette d'un agent ou d'un gardien en uniforme... » Eh bien dans ce cas, c'est le détail de l'homme en uniforme qui m'intéresse, plus que l'angoisse phobique en elle-même.

La deuxième caractéristique du symptôme, c'est la théorie formulée par l'analysant pour comprendre son malaise, car il n'est de souffrance en analyse sans que l'on se demande pourquoi on souffre. De même que Freud relevait la présence chez les enfants d'une théorie sexuelle infantile, nous constatons que le patient construit lui aussi sa théorie toute personnelle, sa théorie de poche pour tenter d'expliquer sa souffrance. Le symptôme est un événement douloureux toujours accompagné de l'interprétation par le patient des causes de son malêtre. Or, ceci est fondamental. Tellement fondamental, que si dans une analyse, lors des entretiens préliminaires par exemple, le sujet n'est pas piqué au vif par ses propres questionnements, s'il n'a pas idée de la raison de sa souffrance, c'est le psychanalyste alors qui devra favoriser le surgissement d'une « théorie » en amenant le patient à s'interroger sur lui-même. Mais au fur et à mesure que dans l'analyse le patient interprète et se dit le pourquoi de sa souffrance, un phénomène essentiel s'installe : l'analyste devient, progressivement et insensiblement, le destinataire du symptôme. Plus j'explique la cause de ma souffrance, plus celui qui m'écoute devient l'Autre de mon symptôme. Vous avez là la troisième caractéristique du symptôme : le symptôme appelle et inclut la présence du psychanalyste.

Le psychanalyste fait partie de mon symptôme

Changeons les termes et formulons-le autrement : la principale caractéristique d'un symptôme en analyse, c'est que le psychanalyste en fait partie. Dans une cure déjà bien engagée, le symptôme est tellement lié à la présence du praticien que l'un rappelle l'autre : quand je souffre je me souviens de mon analyste ; et quand je pense à lui, c'est le souvenir de ma souffrance qui me revient. Le psychanalyste fait donc partie du symptôme. C'est ce troisième trait du symptôme qui ouvre la porte de ce que nous appelons le transfert analytique et démarque la psychanalyse de toute psychothérapie. Précisément si vous me demandiez ce qu'est le transfert en psychanalyse, une des réponses possibles serait de le définir comme le moment particulier de la relation analytique où l'analyste fait partie du symptôme du patient. C'est ce que Lacan nomme le sujet-supposé-savoir. L'expression sujet-supposé-savoir ne signifie pas seulement que l'analysant suppose son analyste détenteur d'un savoir sur lui. Il ne s'agit pas tellement pour le patient de supposer que l'analyste sait, mais de le supposer surtout à l'origine de sa souffrance ou de tout événement inattendu. Quand je souffre, ou encore devant un événement qui me surprend, je me souviens de mon analyste à tel point que je ne puis éviter de me demander s'il n'en est pas une des causes. Dans une analyse en cours, par exemple, tel patient déclare : « Depuis que je viens ici, j'ai l'impression que tout ce qui m'arrive se rapporte au travail que je fais avec vous. » La femme enceinte vous dira : « Je suis tombée enceinte, mais je suis sûre que ma grossesse est directement liée à mon analyse. » Mais que signifie « directement liée à mon analyse » ? Cela signifie que d'un certain point de vue, l'analyste serait le père spirituel de l'enfant, la cause de l'événement. Que l'analyste fasse partie du symptôme signifie donc qu'il est à la place de la cause du symptôme. Aussi l'expression lacanienne sujet-supposé-savoir signifie-t-elle que l'analyste prend d'abord la place du *destinataire* du symptôme, puis, au-delà, celle d'en être la *cause*.

Le psychanalyste est l'Autre du symptôme

Pour le praticien qui doit diriger une cure, il est essentiel de comprendre comment, au fil des séances, insensiblement, le phénomène de la supposition finit par l'inclure dans le symptôme de l'analysant. Je pense en particulier à cet analyste en supervision qui me rapportait ses difficultés avec un patient en analyse depuis deux ans et qui lui semblait enfermé dans une névrose obsessionnelle. Je lui répondis ceci : « Si au bout de deux ans d'analyse vous considérez que votre patient a une névrose obsessionnelle, dites-vous en l'écoutant que les symptômes de sa névrose vous impliquent. Oui, essayez d'écouter votre analysant, en vous disant à vous-même que vous faites partie de l'obsession dont il souffre. » Notons que c'est dans cette qualité d'écoute engagée que réside la grande différence entre le diagnostic psychiatrique et le repérage psychanalytique d'une névrose. Quand l'analyste diagnostique la névrose de son patient, il sait qu'il fait partie du symptôme qu'il diagnostique. En somme, le phénomène de la supposition accompagne tout événement dans une analyse. Ainsi, il n'y a pas d'événement douloureux qui ne soit « interprété » par le patient dont les mots, les souffrances et les croyances ont enveloppé peu à peu la personne du praticien.

*

Un symptôme est un signe

En vérité, les caractéristiques du symptôme peuvent encore s'envisager sous un autre angle conceptuel, en distinguant deux faces du symptôme : une face signe et une face signifiante. La face signe est étroitement liée au phénomène de la supposition dont nous venons de parler. Cette face signe nous dit : un événement douloureux et surprenant arrive, le patient l'explique et place aussitôt l'analyste dans le rôle d'être à la fois l'Autre du symptôme et la cause du symptôme. C'est la définition du signe proposée par Lacan : un signe est ce qui représente quelque chose pour quelqu'un. En fait, il s'agit de la définition établie par le logicien américain Charles Sanders Peirce *. Tel symptôme représente quelque chose pour celui qui souffre et parfois pour celui qui écoute. La grossesse, par exemple, représente pour cette jeune femme le fruit du travail de l'analyse et pour le praticien un des effets thérapeutiques du traitement. Voilà le côté signe du symptôme. Il constitue le facteur qui favorise l'installation et le développement du transfert.

Venons-en à présent à la face signifiante du symptôme. Des deux c'est la plus importante pour nous, car elle nous fera comprendre en quoi consiste la structure de l'inconscient. La face signifiante nous dit : cette souffrance qui s'impose à moi, hors de ma volonté, est *Un* événement parmi d'autres événements qui lui sont rigoureusement liés, un événement qui, à l'opposé du signe, n'a pas de sens. Mais qu'est-ce qu'un événement signifiant, et plus généralement, qu'est-ce qu'un signifiant ?

Qu'est-ce qu'un signifiant ?

Le signifiant est une catégorie formelle et non pas descriptive. Peu importe ce qu'il désigne ; par

* « Un signe, ou *representamen,* est quelque chose qui tient lieu pour quelqu'un de quelque chose sous quelque rapport ou à quelque titre. Il s'adresse à quelqu'un, c'est-à-dire crée dans l'esprit de cette personne un signe équivalent ou peut-être un signe plus développé. » (In Ch. S. Peirce, *Écrits sur le signe,* Seuil, 1978, p. 121.)

exemple, nous avons pris la figure du symptôme, mais un signifiant peut être tout aussi bien un lapsus, un rêve, le récit du rêve, un détail dans ce récit, un geste même, un son, voire un silence ou une interprétation du psychanalyste. Toutes ces manifestations peuvent légitimement être qualifiées d'événements signifiants à condition que trois critères soient respectés, trois critères non linguistiques malgré le terme de signifiant qui, lui, est d'origine linguistique.

• Le signifiant est toujours l'expression involontaire d'un être parlant. Un geste quelconque ne sera signifiant que s'il est un geste maladroit et imprévu, accompli au-delà de toute intentionnalité et savoir conscient.

• Un signifiant est dépourvu de sens, il ne signifie rien et n'entre donc pas dans l'alternative d'être explicable ou inexplicable. Un symptôme en tant qu'événement signifiant, n'appelle donc ni une supposition de l'analysant, ni une construction du psychanalyste. En un mot, le signifiant *est,* sans plus.

• Le signifiant *est,* oui, à condition de rester attaché à un ensemble d'autres signifiants : il est *Un* parmi d'autres avec lesquels il s'articule. Alors que le signifiant *Un* est perceptible par l'analysant ou l'analyste, les autres avec lesquels il s'enchaîne, ne le sont pas. Ceux-ci sont des signifiants virtuels, autrefois actualisés ou non encore actualisés. L'articulation entre *Un* et les autres est si étroite que, lorsqu'on pense au signifiant, il ne faut jamais l'imaginer seul. Un aphorisme lacanien résume bien ce rapport : un signifiant n'est signifiant que pour d'autres signifiants *. La portée de cette articulation formelle est pratique : un signifiant n'est signifiant ni pour le psychanalyste ni pour l'analysant, ni pour personne, mais pour d'autres signifiants. Qu'est-ce que cela veut dire sinon qu'aussitôt le signifiant advenu, il rappelle les autres signifiants déjà passés et annonce l'arrivée inévitable du prochain signifiant. Je peux par exemple être surpris par un symptôme qui dépasse mon intention à la manière d'un « dit » que je dis sans savoir, je peux encore le supporter comme un événement douloureux, il se peut même que je l'interprète, le pense, lui donne un sens, et pourtant, toutes mes suppositions n'éviteront pas que dans trois jours, un an, il puisse se reproduire semblable à lui-même, ou sous la forme d'un autre événement inopiné et non maîtrisable. C'est alors que je me demande : « Mais comment est-ce possible ? Qu'y a-t-il en moi pour que ce symptôme réapparaisse toujours insurmontable et se répète si impitoyablement ? » Nous sommes ici devant le problème de la répétition sur lequel nous allons souvent revenir, en particulier lors de la deuxième leçon. Retenons-en pour le moment l'idée essentielle : une chose est

Le signifiant se répète

* Cet aphorisme resterait incomplet si nous n'incluions pas un troisième terme : le sujet. Un signifiant représente *le sujet* pour d'autres signifiants. Disons seulement que ce sujet n'est pas à confondre avec l'individu, mais à identifier avec l'idée abstraite du sujet de l'expérience analytique. Le concept lacanien de sujet de l'inconscient est traité dans la Conférence en fin de volume.

la réalité concrète et individuelle d'un symptôme — la phobie des ponts par exemple —, une autre est le statut signifiant du même symptôme — la même phobie, mais considérée cette fois sous l'angle des trois critères qui définissent le signifiant. Du point de vue de leur réalité individuelle, tous les symptômes sont distincts et ne se répètent jamais identiques à eux-mêmes. Tandis qu'au contraire, du point de vue de leur valeur formelle et signifiante, tous les symptômes sont identiques parce que tous apparaissent un par un à la place de l'*Un*. Voici donc l'idée essentielle au cœur du concept lacanien de répétition : tous les événements qui occupent la place de l'*Un* se répètent formellement identiques quelles que soient leurs différentes réalités matérielles. Nous y reviendrons.

On le voit, le côté signifiant du symptôme, c'est le fait d'être un événement involontaire, dépourvu de sens et prêt à se répéter. Bref, le symptôme est un signifiant si nous le considérons comme un événement dont je ne maîtrise ni la cause, ni le sens, ni la répétition.

Lacan écrit l'événement signifiant avec la notation S_1. Le nombre 1 venant marquer que c'est un événement unique — un symptôme est toujours de l'ordre de l'*Un* — et la lettre S notant le mot signifiant. Considérer alors que le symptôme a une face signifiante indique qu'il est *Un*, que cet *Un* surprend et s'impose au patient à son insu, puis qu'il se répète ; c'est-à-dire qu'il y aura un autre *Un*, encore un autre *Un*, etc.

Mais affirmer que le symptôme est signifiant souligne non seulement qu'il est *Un,* qu'il s'impose et nous échappe, prêt à se répéter, mais surtout qu'il survient juste à temps pour nous interroger. Le symptôme en tant que signifiant n'est pas une souffrance que nous subissons pour ainsi dire passivement. Non, c'est une souffrance questionnante et à la limite, pertinente. Pertinente comme un message qui nous apprend des faits ignorés de notre histoire, nous dit ce que nous ne savions pas jusqu'alors. Un autre exemple de signifiant pourrait être le mot d'esprit ; le mot d'esprit considéré comme une réplique spontanée que l'on dit sans savoir, mais avec un tel à-propos et une telle justesse que tous rient. Or, le symptôme peut avoir la même vertu. Il peut se manifester dans la vie du sujet de façon si opportune que, malgré son caractère pénible, il apparaît comme cette pièce manquante qui, une fois replacée dans le puzzle, révèle notre vie sous un jour nouveau, sans que le puzzle soit pour autant achevé.

Le symptôme est souffrance questionnante

La portée signifiante du symptôme réside précisément dans la pertinence d'apparaître au moment juste, comme la pièce indispensable pour susciter chez le patient et souvent chez l'analyste, une nouvelle question, je veux dire la question adéquate qui ouvre l'accès à l'inconscient considéré comme un savoir : « Mais comment est-il possible que ce symptôme réapparaisse si opportunément, qu'au-delà du fait que je souffre, il éclaire ma vie d'une nouvelle lumière ? Quel est donc cette combinatoire qui, par-delà ma volonté, organise la répétition de mes symptômes et assure que l'un d'eux

« Qui savait ?... »

naisse juste à temps pour que j'apprenne que mon infortune ne relève que de mon désir ? » Cette question est très différente de celle qui soulevait le problème de la cause du symptôme et instituait le sujet-supposé-savoir. Ici, le sujet n'interroge plus le symptôme en tant que signe, ce n'est pas le « pourquoi » qui le préoccupe, mais le « comment ». Comment s'organise le défilé des événements de sa vie ? Quel est l'ordre de la répétition ? Ces questions sont adéquates parce qu'elles conduisent à l'hypothèse de l'inconscient comme structure. Pour bien m'expliquer, je voudrais revenir plus clairement sur la distinction signe/signifiant.

Entendons-nous. Prendre la souffrance du symptôme sous l'angle de la cause, c'est en faire un signe ; alors que me surprendre à subir ce même malheur à un instant propice, comme s'il était imposé par un savoir que j'ignore, c'est le reconnaître comme signifiant. Reprenons l'interrogation de l'analysant étonné, interrogation qui ouvre sur l'inconscient : « Qui savait ?... Qui savait que ce mot qui fait rire ou encore ce symptôme qui m'éclaire, devait se placer à tel moment précis pour qu'enfin je comprenne ? » La réponse de la théorie analytique est la suivante : « Celui qui a su placer le symptôme ou le mot d'esprit à bon escient pour surprendre et faire comprendre, ce n'est pas un sujet, mais le savoir inconscient. » Oui, l'inconscient est en effet l'ordre d'un savoir que le sujet véhicule mais qu'il ignore. Mais l'inconscient, non seulement est un savoir qui conduit le sujet à dire le mot juste au moment juste — sans cepen-

Le savoir inconscient

dant savoir ce qu'il dit —, il est aussi le savoir qui ordonne la répétition de ce même mot plus tard et ailleurs. En somme, l'inconscient est un savoir, non seulement parce qu'*il sait* placer tel mot à tel instant, mais aussi parce qu'il assure le propre de la répétition. Disons-le en une formule : l'inconscient est le savoir de la répétition.

Mais qu'est-ce que la répétition ? Rappelons-en l'idée principale. Qu'un signifiant se répète identique à un autre veut dire qu'il y a toujours un événement qui occupe la case formelle de l'*Un*, tandis que d'autres événements absents et virtuels sont en attente de l'occuper. Nous sommes, j'insiste, en présence de deux instances : la première est l'instance de l'*Un* qui correspond à l'événement survenu effectivement, la seconde est l'instance de tous les autres événements déjà passés et à venir qui ont occupé ou vont occuper la case de l'*Un*. Avancer que l'inconscient est le savoir de la répétition, signifie qu'il est non seulement un savoir qui sait placer le mot juste au moment juste, mais aussi qui fait tourner le carrousel des éléments passés ou à venir ayant un jour ou l'autre occupé ou devant occuper la case de l'*Un*, c'est-à-dire la place du signifiant manifeste. L'inconscient est le mouvement qui assure la répétition, ou plutôt qui assure le renouvellement de l'occupation de la place de l'*Un*. En bref, que voulons-nous faire entendre avec cette vision formaliste de la dynamique du savoir inconscient ? Que l'inconscient est un processus constamment actif qui ne cesse de s'extérioriser par des actes, des événements ou des paroles qui réunissent les conditions définissant un signifiant, à savoir : être une expression involontaire, opportune, dénuée de sens et repérable comme un événement en liaison avec d'autres événements absents et virtuels.

*

L'inconscient est une ronde de signifiants qui...

Mais je dois ici introduire une précision décisive pour bien cerner la place de l'inconscient dans la cure. Imaginons qu'en ce moment je manifeste un symptôme sous la forme d'une parole qui m'échappe. Sans doute, ce symptôme apparaît initialement en moi, mais la prochaine fois il pourra se répéter non seulement en moi, mais aussi ailleurs, dans la parole d'un autre sujet avec lequel je garde un lien de transfert. Ainsi le signifiant se répète-t-il en occupant la case de l'*Un,* cette case pouvant se trouver indifféremment chez une personne ou chez une autre. Le signifiant rebondit d'un sujet à un autre, à telle enseigne que la suite répétitive, la chaîne des signifiants, je veux dire la ronde ordonnée des éléments déjà répétés ou à répéter, eh bien, ce défilé, cette structure n'appartient nommément à personne. Il n'y a pas de structure à soi, et il n'y a pas d'inconscient à soi. Prenons l'exemple de l'interprétation du psychanalyste. Sans doute un moment privilégié du processus de la cure est-il celui où l'analyste énonce une interprétation. Mais qu'est-ce qu'une interprétation au sens strict du mot si ce n'est une expression de l'inconscient de l'analyste et non pas du savoir de l'analyste ? Je veux souligner ici que si nous appliquons la thèse de la répétition du signifiant — ricochant d'un sujet à l'autre — pour comprendre comment l'interprétation vient au praticien, nous devons changer notre formule. Au lieu d'énoncer : « L'interprétation exprime l'inconscient du psychanalyste », nous devrons corriger et avancer : « L'interprétation répète aujourd'hui, dans le dire de l'analyste, un symptôme manifesté hier dans le dire de l'analysant. » Ou encore : « L'interprétation formulée par l'analyste actualise l'inconscient de l'analysant. » Ou encore mieux : « L'interprétation met en acte *l'inconscient de l'analyse.* » Cela étant — rappelons-le — l'apparition, la disparition et la réapparition successives d'un même élément signifiant en des temps, en des lieux et chez des sujets différents, est un processus qui ne s'engage qu'à la condition d'une relation transférentielle bien établie.

... relie l'analyste et l'analysant

*

Pour résumer, voici l'argument qui fonde le premier principe définissant l'inconscient comme un savoir ayant la structure d'un langage et le corollaire qui en découle.

L'inconscient est la trame tissée par le travail de la répétition signifiante, plus exactement, l'inconscient est une chaîne virtuelle d'événements ou de « dires » qui *sait* s'actualiser en un « dit » opportun que le sujet dit sans savoir ce qu'il dit.

Ce « dit » que le sujet énonce à son insu et qui actualise la chaîne inconsciente des dires, peut resurgir aussi bien chez l'un ou l'autre des partenaires de l'analyse. Quand le « dit » surgit chez l'analysant, nous l'appelons entre autres symptôme, lapsus ou mot d'esprit, et quand il surgit chez le psychanalyste, nous l'appelons entre autres interprétation. Vous le voyez, l'inconscient relie et noue les êtres. Telle est à mes yeux une des idées lacaniennes fondamentales. L'inconscient est un langage qui attache les partenaires de l'analyse : le langage lie, tandis que le corps sépare, l'inconscient noue tandis que la jouissance écarte. Nous reviendrons sur le problème du corps et de la jouissance, mais la thèse de l'inconscient structuré nous permet dès maintenant de déduire un corollaire capital pour le travail avec nos patients. Si l'inconscient est une structure de signifiants répétitifs qui s'actualisent en un « dit » énoncé par l'un ou l'autre des sujets analytiques, il s'ensuit que l'inconscient ne peut être individuel, attaché à chacun, et que par conséquent, nous ne saurons plus assigner un inconscient propre à l'analyste puis un inconscient propre à l'analysant. L'inconscient n'est ni individuel ni collectif, mais produit dans l'espace de l'entre-deux, comme une entité unique qui traverse et englobe l'un et l'autre des acteurs de l'analyse.

L'inconscient de l'entre-deux

*

Nous en sommes ainsi arrivés à fonder le premier principe fondamental : « L'inconscient est structuré comme un langage. » Après nos développements, nous pourrions reprendre la formule et proposer maintenant : « l'inconscient est un *savoir* structuré comme un langage », ou même, plus simplement, « un savoir structuré ». Quand Lacan énonça pour la première fois sa formule, il concevait la chaîne inconsciente des dires d'après les catégories linguistiques de métaphore et métonymie. Ensuite, afin d'établir plus rigoureusement encore les lois qui régissent la structure langagière de l'inconscient, Lacan eut recours à l'appareil conceptuel de la logique formelle. Nous aurons certainement l'occasion, durant ces leçons, de revenir sur le fonctionnement de la structure de l'inconscient. Pour le moment restons-en là et retenons l'énoncé initial du premier principe : la chaîne inconsciente des dires est structurée comme un langage, ou encore : « L'inconscient est un savoir structuré comme un langage. »

*

* *

Le second principe fondamental concerne la jouissance et s'énonce : « Il n'y a pas de rapport sexuel. » Or, pour bien comprendre le sens du concept lacanien de jouissance et fonder ce deuxième principe, nous devons retrouver notre fil directeur, celui du symptôme, et revenir sur les voies tracées par Freud.

Rappelons-nous que pour justifier le premier principe sur l'inconscient, nous avions caractérisé le symptôme par sa face empirique de discordance dans le récit, par son statut de signe qui induit les suppositions du patient et même de l'analyste, et enfin par son statut de signifiant qui surprend, s'impose et se répète au-delà de toute intentionna-

Le symptôme est à la fois peine et soulagement

lité. Néanmoins, nous n'avons pas relevé l'aspect le plus évident d'un symptôme, le plus tangible pour celui qui en souffre, à savoir le fait même de souffrir, le sentiment douloureux provoqué par le trouble psychique. Les symptômes sont en effet des manifestations pénibles, des actes apparemment inutiles qu'on accomplit avec une profonde aversion.

Mais si pour le moi, le symptôme signifie essentiellement pâtir du signifiant, pour l'inconscient, en revanche, il signifie jouir d'une satisfaction. Oui, jouir d'une satisfaction, car le symptôme est aussi bien peine que soulagement, souffrance pour le moi que soulagement pour l'inconscient. Mais pourquoi soulagement ? Comment peut-on affirmer qu'un symptôme apaise et libère ? De quelle oppression nous libère-t-il ? Or, c'est précisément cet effet libérateur et apaisant du symptôme que nous tenons pour l'une des figures majeures de la jouissance.

Cependant, arrêtons-nous un instant et posons-nous la question plus générale : qu'est-ce que la jouissance et quelles en sont les différentes figures ? La théorie de la jouissance proposée par Lacan est une construction complexe distinguant trois modes du jouir. Nous aurons souvent l'occasion dans ces leçons de traiter le problème de la jouissance, mais j'aimerais dès à présent vous en dire l'essentiel. D'abord, permettez-moi une précision terminologique. Sans doute le mot de jouissance évoque-t-il spontanément en nous l'idée de volupté. Mais comme il arrive fréquemment, un mot du vocabulaire analytique reste si marqué par son sens habituel, que le travail d'élaboration du théoricien se réduit souvent à dégager l'acception analytique de l'acception commune. C'est exactement le travail que nous devons effectuer ici avec le mot « jouissance », en le séparant nettement de l'idée d'orgasme. Je vous demanderai donc, à chaque fois que vous m'entendrez prononcer le mot « jouir » ou « jouissance », d'oublier sa référence au plaisir orgasmique.

*

Les trois destins de l'énergie psychiq

Cette précision étant indiquée, venons-en maintenant au concept de jouissance lui-même. Afin de rendre compte de la théorie lacanienne de la jouissance, je dois rappeler avant tout la thèse freudienne de l'énergie psychique telle que j'en fais la lecture. D'abord, posons une prémisse. Selon Freud, l'être humain est traversé par l'aspiration toujours constante et jamais réalisée, à atteindre un but impossible, celui du bonheur absolu, bonheur qui revêt différentes figures dont celle d'un hypothétique plaisir sexuel absolu éprouvé lors de l'inceste. Cette aspiration qui s'appelle désir, cet élan né dans des zones érogènes du corps, génère un état pénible de tension psychique — une tension d'autant plus exacerbée que l'élan du désir est arrêté par la digue du refoulement. Plus le refoulement est intransigeant, plus la tension augmente. Devant le mur du refoulement, la poussée du désir se trouve alors contrainte d'emprunter simultanément deux voies opposées : la voie de la décharge à travers laquelle l'énergie se libère et se dissipe, et la voie de la rétention où l'énergie se conserve et s'accumule comme une énergie résiduelle. Une partie traverse donc le refoulement et se décharge à l'extérieur sous la forme de la dépense énergétique qui accompagne chacune des manifestations de l'inconscient (rêve, lapsus ou symptôme). C'est justement cette décharge incomplète qui procure le soulagement dont nous avions parlé à propos du symptôme. L'autre partie qui ne réussit pas à franchir le barrage du refoulement et reste confinée à l'intérieur du système psychique, est un excès d'énergie qui surexcite en retour les zones érogènes et suractive constamment le niveau de la tension interne. Dire que cet excès d'énergie maintient toujours élevé le niveau de la tension, équivaut à dire que la zone érogène, source du désir, est excitée en permanence. On peut encore imaginer un troisième destin de l'énergie psychique, une troisième possibilité absolument hypothétique et idéale puisqu'elle n'est jamais réalisée par le désir, à savoir, la décharge totale de l'énergie. Une décharge accomplie sans l'entrave du refoulement ni d'aucune autre limite. Ce dernier destin reste aussi hypothétique que le plaisir sexuel absolu jamais obtenu, dont parle Freud.

Les trois états du jouir

Eh bien, je vous propose le rapprochement suivant que nous allons réajuster plus tard : l'énergie psychique avec ses trois destins, correspondrait d'après moi à ce que Lacan désigne par le terme de jouissance, avec les trois états caractérisés du jouir : la *jouissance phallique*, le *plus-de-jouir* et la *jouissance de l'Autre*. La *jouissance phallique* correspondrait à l'énergie dissipée lors de la décharge par-

Jouissance phallique

tielle et ayant pour effet un relatif soulagement, un soulagement incomplet de la tension inconsciente. Cette catégorie de jouissance s'appelle phallique parce que la limite qui ouvre et ferme l'accès à la décharge est le phallus ; Freud aurait dit, le refoulement. En effet, le phallus fonctionne comme une écluse qui régule la part de jouissance qui sort (décharge) et celle qui reste dans le système inconscient (excès résiduel). Je ne peux pas m'étendre ici sur la raison qui conduit Lacan à conceptualiser le phallus comme barrage à la jouissance. Je vous propose de m'en expliquer quelques pages plus loin, et vous demande seulement de retenir que l'essentiel de la fonction phallique consiste à ouvrir et fermer l'accès de la jouissance à l'extérieur. Quel extérieur ? Celui des événements inattendus, des paroles, des fantasmes et de l'ensemble des productions extérieures de l'inconscient, dont le symptôme.

Plus-de-jouir

L'autre catégorie, le *plus-de-jouir*, correspondrait à la jouissance qui en revanche reste retenue à l'intérieur du système psychique et dont le phallus empêche la sortie. L'adverbe « plus » indique que la part de l'énergie non déchargée, la jouissance résiduelle, est un surplus qui accroît constamment l'intensité de la tension interne. Remarquons aussi que la jouissance résiduelle dont nous parlons reste profondément ancrée dans les zones érogènes et orificielles du corps — bouche, anus, vagin, sillon pénien, etc. La poussée du désir naît dans ces zones et en retour le plus-de-jouir stimule constamment ces zones et les maintient dans un état permanent d'érogénéité. Nous reviendrons souvent sur cette catégorie du plus-de-jouir, quand nous étudierons le concept lacanien d'objet *a* et aborderons sa place dans la relation entre patient et analyste.

Jouissance de l'Autre

Et enfin, troisième catégorie, la *jouissance de l'Autre*, état fondamentalement hypothétique qui correspondrait au cas idéal où la tension aurait été totalement déchargée sans l'entrave d'aucune limite. C'est la jouissance que le sujet suppose à l'Autre, l'Autre étant lui aussi un être supposé. Cet état idéal, ce point à l'horizon d'un bonheur absolu et impossible, prend différentes figures selon l'angle sous lequel on se situe. Pour un névrosé obsessionnel par exemple, l'horizon hors d'atteinte mais toujours présent, c'est la mort ; tandis que pour un névrosé hystérique, le même horizon se dessine comme l'océan de la folie. Si ce même horizon, nous l'envisageons cette fois à partir du désir d'un enfant en phase œdipienne, il adopte, nous le savons, la figure mythique de l'inceste considérée comme la réalisation la plus accomplie du désir, la suprême jouissance. Mais qu'idéalement le désir s'accomplisse par une cessation totale de la tension comme serait la mort, ou au contraire par une intensification maximale de la même tension comme serait la jouissance parfaite de l'acte incestueux, il n'en reste pas moins que toutes ces figures excessives et absolues sont des figures de fiction, des mirages envoûtants et trompeurs qui entretiennent le désir.

*

Or, de tous ces mirages, la psychanalyse n'en retient qu'un seul qu'elle privilégie et élève au rang de l'inconnaissable, du réel inconnu contre lequel bute la théorie. Là où l'humain est subjugué par le mirage, la psychanalyse reconnaît la limite de son savoir. Mais quel est ce mirage ? C'est le leurre qui fascine et trompe les yeux de l'enfant œdipien en lui faisant croire que la jouissance absolue existe et qu'elle serait éprouvée lors d'un rapport sexuel incestueux tout aussi possible. C'est bien pour cette raison que la jouissance quelle que soit sa forme reste toujours une jouissance sexuelle. Sexuelle non pas au sens de génitale, mais au sens où elle est marquée par son destin mythique de devoir se consumer dans l'acte incestueux, d'être la jouissance éprouvée par l'Autre sous la forme d'un plaisir sexuel absolu. L'Autre étant n'importe quel personnage mythique que ce soit Dieu, la mère, ou le sujet lui-même dans un fantasme de toute-puissance. Précisons encore que l'inceste dont nous parlons est une figure mythique sans commune mesure avec la réalité concrète et morbide du viol pitoyable de la fille par son père ou des attouchements impurs d'une mère sur le corps de son fils.

Le rapport sexuel incestueux est impossible...

Justement, la psychanalyse en tant que doctrine qui s'efforce de cerner au mieux les limites de son savoir, a compris que ce même lieu où pour l'enfant œdipien le rapport sexuel serait possible, est pour elle le lieu où le rapport sexuel s'avère impossible. Là même où l'enfant du mythe suppose la jouissance de l'Autre — volupté idéale du rapport sexuel incestueux — la psychanalyse sait que l'Autre n'existe pas et que ce rapport est impossible à réaliser par le sujet et à formaliser par la théorie. Elle le sait parce qu'elle a appris avec l'expérience clinique que l'être humain rencontre nécessairement toutes sortes d'obstacles représentés par le langage, les signifiants et en particulier le phallus ; toutes limites qui brisent la courbe idéale vers la pleine réalisation du désir c'est-à-dire vers la jouissance.

... à réaliser par le sujet...

Or, ce lieu que nous appelons « jouissance de l'Autre » en pensant à l'enfant qui la convoite ou s'en effraye, n'est pas seulement celui de l'impossible inceste, c'est aussi pour nous, psychanalystes, le lieu du savoir impossible. Non seulement le rapport sexuel est impossible à réaliser par le sujet, mais encore il est impossible à conceptualiser formellement par la théorie, impossible à écrire avec des signes et des lettres qui diraient de quelle nature serait la jouissance si ce rapport se consommait. En un mot, la jouissance est dans l'inconscient et dans la théorie, un lieu vide de signifiants. C'est en ce sens que Lacan proposa une formule qui fit scandale à l'époque : « Il n'y a pas de rapport sexuel. » A première vue, on la comprend comme une absence d'union génitale entre l'homme et la femme. Mais c'est une erreur de l'interpréter ainsi. La formule signifie qu'il n'y a pas de rapport *symbolique* entre un supposé signifiant de la jouissance masculine et un supposé signifiant de la jouissance féminine. Pourquoi ? Justement, parce que dans l'inconscient il n'y a pas de signifiants qui signifient la jouissance de l'un et de l'autre imaginée chacune comme jouissance absolue. Parce que l'expérience de l'analyse nous apprend que la jouissance sous sa forme infinie est un lieu sans signifiant et sans

... à inscrire dans l'inconscient...

marque qui la singularise. De là le second principe : « Il n'y a pas de rapport sexuel. »

... à écrire dans la théorie

Pour mieux comprendre la formule de Lacan, nous pouvons la compléter et écrire : *Il n'y a pas de rapport sexuel... absolu,* c'est-à-dire que nous ne connaissons pas la jouissance absolue, qu'il n'y a pas de signifiants qui la signifient et que par conséquent, il ne peut y avoir de rapport entre deux signifiants absents. Certes, nous admettons qu'il n'y a pas de rapport sexuel absolu parce qu'il n'y a pas de signifiant qui signifie la jouissance absolue, mais peut-on en revanche affirmer qu'il y aurait un rapport sexuel relatif ? En toute rigueur nous devrions répondre qu'il n'y a pas non plus de rapport sexuel relatif, parce qu'il n'y a pas non plus de signifiant qui puisse signifier la nature d'une jouissance limitée et relative. Si le mot rapport veut dire rapport entre deux signifiants qui signifieraient la jouissance, il n'y a alors nul rapport, que celui-ci soit absolu ou relatif, qu'il s'agisse d'une jouissance illimitée ou limitée.

Il n'y a donc pas de rapport sexuel, fût-il relatif, mais cependant une question demeure. Comment penser l'ordinaire rencontre sexuelle entre un homme et une femme ? Nous dirons pour le moment que du point de vue de la jouissance, cette rencontre ne concerne pas deux êtres, mais des lieux partiels du corps. C'est la rencontre entre mon corps et une partie du corps de mon partenaire, entre différents foyers de jouissances locales.

J'insiste, nous ne savons pas ce qu'est la jouissance dans l'absolu, mais nous ne savons pas non plus ce qu'est véritablement la jouissance dans son expression locale. Certes, il n'y a pas de signifiants qui représentent la jouissance illimitée, mais — en toute rigueur — il n'y a pas non plus de signifiants qui représentent les jouissances partielles attachées à des lieux érogènes du corps (phallique et plus-de-jouir). Cela étant, les signifiants peuvent néanmoins approcher, cerner et circonscrire les zones locales où le corps jouit. Quand nous disons que la jouissance est cernée par les signifiants, nous voulons dire qu'en tant que poussée du désir, elle est cernée par les bords des orifices érogènes. Le signifiant est ici à comprendre en termes de bord corporel. En somme, la psychanalyse ne connaît pas la nature de la jouissance, l'essence même de l'énergie psychique, qu'elle soit globale, « de l'Autre », ou bien locale, « phallique » ou « résiduelle » ; la psychanalyse ne connaît que les frontières signifiantes qui délimitent les régions du corps foyers de jouissance. Bref, quand la psychanalyse cerne la jouissance, c'est bien toujours d'une jouissance locale qu'il s'agit.

*

Le moment est venu de rendre compte du concept de phallus, si étroitement lié à celui de jouissance.

Dans la théorie lacanienne, le mot phallus ne désigne pas l'organe génital mâle. Il est le nom d'un signifiant très particulier, différent de tous les autres signifiants, ayant pour fonction de signifier tout ce qui dépend de près ou de loin de la dimen-

Le phallus, balise de la jouissance

sion sexuelle. Le phallus n'est pas le signifiant de la jouissance car, comme nous l'avons déjà dit, celle-ci résiste à être représentée. Non, le phallus ne signifie pas la nature même de la jouissance, mais il balise le trajet de la jouissance — si nous pensons au flux de l'énergie qui circule —, ou il balise le trajet du désir — si nous pensons à ce même flux orienté vers un but. En d'autres termes, le phallus est le signifiant qui marque et signifie chacune des étapes de ce trajet. Il marque l'origine de la jouissance, matérialisée par les orifices érogènes ; il marque l'obstacle rencontré par la jouissance (refoulement) ; il marque encore les extériorisations de la jouissance sous la forme du symptôme, des fantasmes ou de l'action ; et enfin le phallus est le seuil au-delà duquel s'ouvre le monde mythique de la jouissance de l'Autre.

Cela étant, au nom de quel privilège appelons-nous ce signifiant phallus ? Pourquoi choisir précisément une référence au sexe masculin ? Pourquoi « phallus » ? La réponse à cette question réside dans la primauté que la psychanalyse accorde à l'épreuve de la castration dans le développement de la sexualité humaine, épreuve dont le phallus est le pivot[1].

*

Avant de conclure cette partie consacrée à la jouissance, je me dois d'établir ici une précision importante. Nous avions annoncé un réajustement du rapprochement établi entre énergie et jouissance. Concernant cette comparaison, Lacan a énoncé des propositions claires. Il ne tient pas la jouissance pour une entité énergétique dans la mesure où elle ne répond pas à la définition physique de l'énergie comme étant une constante numérique : « L'énergie n'est pas une substance... — rappelle Lacan — c'est une constante numérique qu'il faut au physicien trouver dans ses calculs », et plus loin : « N'importe quel physicien sait de façon claire... que l'énergie n'est rien que le chiffre d'une constance »[2]. A ce titre précisément, la jouissance « ... ne fait pas énergie, elle ne saurait s'inscrire comme telle ». On le voit, pour Lacan, la jouissance, n'étant pas mathématisable par une combinaison de calcul, ne peut pas être énergie. Néanmoins, malgré l'extrême rigueur de la position lacanienne, j'ai tenu à présenter et définir la jouissance en me servant de la métaphore énergétique — si souvent employée par Freud — car elle me semble la plus appropriée pour rendre compte de l'aspect dynamique et clinique de la jouissance.

Voici résumés les arguments qui infirment ou justifient le rapprochement entre l'énergie et la jouissance :

La jouissance n'est certes pas une énergie si, en suivant Lacan, nous la confrontons à l'acception physique du terme d'énergie. Du point de vue de la physique donc, la jouissance ne peut être qualifiée d'énergie.

Mais par contre la jouissance serait une « énergie » si, en suivant la métaphore freudienne, nous la considérions comme une poussée qui, née dans

La jouissance est l'énergie de l'inconscient

une zone érogène du corps, tend vers un but, rencontre des obstacles, se fraye des issues et s'accumule. Mais il est encore un autre argument pour conférer à la jouissance un statut énergétique, à savoir sa qualité de force permanente du travail de l'inconscient. La jouissance est l'énergie de l'inconscient lorsque l'inconscient travaille, c'est-à-dire lorsque l'inconscient est actif — et il l'est constamment — en assurant la répétition et en s'extériorisant sans cesse dans des productions psychiques (S_1), tel le symptôme ou tout autre événement signifiant. En ce sens, j'aimerais paraphraser ici une formule de Lacan extraite de son séminaire *Encore :* « ... l'inconscient, c'est que l'être, en parlant, jouisse[3] ». De même, je définirai la jouissance en disant : la jouissance, c'est que l'être, en commettant une bévue, met en acte l'inconscient. Sous deux angles différents, ces formules soutiennent la même idée : le travail de l'inconscient implique jouissance ; et la jouissance est l'énergie qui se dégage quand l'inconscient travaille.

*

* *

Voilà donc les deux principes de base auxquels je voulais aboutir et qui me semblent aujourd'hui fondamentaux. L'un concerne l'inconscient : « L'inconscient est un savoir structuré comme un langage » ; l'autre concerne la jouissance : « Il n'y a pas de rapport sexuel. » Ces deux principes me semblent fondamentaux parce qu'ils définissent toute une manière de penser l'analyse. Dans la mesure où je reconnaîtrai l'inconscient structuré, je concevrai par exemple l'interprétation comme une manifestation chez le psychanalyste de l'inconscient de son analysant. Et dans la mesure où je reconnaîtrai qu'il n'y a pas de rapport sexuel, je concevrai par exemple que la jouissance résiduelle, celle du plus-de-jouir, est le moteur de la cure analytique, le centre dominant le processus d'une analyse. Et je reconnaîtrai enfin, qu'à l'horizon du parcours de la cure et des moments d'expérience ponctuels qui la jalonnent, s'étend notre réel, lieu obscur de l'impensable jouissance.

*

* *

QUESTION : *Comment peut-on relier les deux principes fondamentaux que vous venez de présenter, l'inconscient et la jouissance ?*

J.-D. N. : Si vous avez admis que l'inconscient est une chaîne de signifiants en acte, je vous demanderai maintenant d'accepter que dans cette chaîne il manque un élément. Justement, celui qui aurait dû représenter la jouissance. Dans l'inconscient, la jouissance n'a pas de représentation signifiante précise, mais elle a une place, celle du trou. D'un trou au sein du système signifiant, toujours recouvert par le voile des fantasmes et des symptômes. De la même manière que la théorie analytique reconnaît son incapacité à signifier exactement la nature de la jouissance, on peut dire que l'inconscient, lui, n'a pas non plus de signifiant qui représente la jouissance. A sa place, il n'y a qu'un trou et son voile. Pour compléter ma réponse, je devrais ajouter que la place de la jouissance dans l'inconscient est différente selon que nous considérons l'une ou l'autre de ses formes majeures, locales (plus-de-jouir et phallique) ou globale (de l'Autre). Si nous pensons aux jouissances locales, leur place dans l'inconscient est celle d'un trou bordé par une limite, image qui correspond exactement au trou des orifices érogènes du corps. Si au contraire nous pensons à la jouissance hors mesure de l'Autre, on doit l'imaginer comme un point ouvert à l'horizon, sans bordure ni limite, diffus, sans attache à un système particulier. Je veux dire que la jouissance de l'Autre n'est pas localisée à un endroit précis d'un système, mais plutôt qu'elle est confusément repérée par le sujet — rappelez-vous ce que nous avons dit des névrosés — à la manière d'un mirage.

Freud nous rappelle toujours que l'individu recherche le bonheur. Ensuite, qu'il dresse des obstacles pour ne point y parvenir. Alors, finalement que trouve-t-il ?...

... Un bonheur modeste. En effet, la psychanalyse découvre que nous, les êtres parlants, nous nous contentons finalement de très peu. Vous savez, le bonheur effectif, je veux dire le bonheur rencontré concrètement, est en fait une satisfaction extrêmement limitée que l'on obtient avec peu de moyens. Toute autre satisfaction au-delà de cette limite est ce que la psychanalyse lacanienne appelle jouissance de l'Autre. D'un point de vue éthique, la position psychanalytique est subversive parce qu'à la différence de certains courants philosophiques qui reconnaissent chez l'homme la recherche du bonheur comme recherche du bien suprême, la psychanalyse dit : nous sommes d'accord, l'être humain aspire au bien suprême, à condition d'admettre qu'à peine engagée la poursuite de l'idéal, celui-ci se transforme en la réalité concrète d'une satisfaction très réduite. « Mais comment — nous répliquerait-on — même si nous reconnaissons que le mirage du bonheur absolu est vite dissipé pour faire place à un bonheur relatif, il n'en reste pas moins vrai que la fiction d'un absolu reste un but toujours recherché ! » La psychanalyse répondrait : « Non. L'être parlant ne veut pas de cette jouissance sans mesure, il refuse de jouir, il ne veut ni ne peut jouir. »

Nous en trouvons la meilleure illustration dans le domaine de la clinique, car si vous me demandiez ce qu'est un névrosé, je n'hésiterais pas à le définir comme celui qui fait tout le nécessaire pour ne pas jouir dans l'absolu ; et bien entendu, une manière de ne pas jouir dans l'absolu est de jouir de peu, c'est-à-dire de réaliser partiellement son désir. Il y a deux moyens grâce auxquels le névrosé jouit partiellement pour éviter d'éprouver une jouissance maximale (jouissance de l'Autre) : le symptôme (jouissance phallique) et le fantasme (plus-de-jouir). Le symptôme et le fantasme sont en effet les deux recours du névrosé, pour s'opposer à la jouissance hors mesure et la réfréner. Le meilleur exemple en est l'hystérie. Un hystérique est celui qui crée de toutes pièces une réalité, sa propre réalité, c'est-à-dire met en œuvre un fantasme dans lequel la jouissance la plus rêvée se dérobe à lui sans cesse. C'est pour cette raison que Lacan a caractérisé le désir hystérique et partant, tout désir, comme foncièrement insatisfait, puisqu'il ne se réalise jamais pleinement ; il ne se réalise qu'avec des fantasmes et à travers des symptômes. Il me semble important de souligner ce caractère toujours insatisfait du désir, car on aurait pu croire que le désir est un Bien que l'on doit chérir à la manière d'un idéal. C'est précisément ce qu'on a cru comprendre à une époque en interprétant erronément une célèbre maxime lacanienne : « ne pas céder sur son désir ». Comme si elle était un mot d'ordre pour encourager le désir et obtenir la jouissance. Alors que c'est une erreur de l'interpréter ainsi car cette maxime n'est pas une proclamation courageuse pour encenser le désir sur la voie de la suprême jouissance mais au contraire un rappel prudent de ne pas abandonner le désir, seule défense contre la jouissance. Car sans doute ne faut-il jamais cesser de désirer pour contrer la jouissance. En se satisfaisant de façon limitée et partielle avec des symptômes et des fantasmes, on s'assure de ne jamais trouver la pleine jouissance maximale. Bref, pour ne pas atteindre la jouissance de l'Autre, pourtant rêvée, le mieux est de ne pas cesser de désirer et de se contenter de substituts et d'écrans, de symptômes et de fantasmes.

Le désir est une défense contre la jouissance

J'imagine que vous pourriez ici me demander : « Mais pourquoi vouloir éviter la jouissance de l'Autre alors que par ailleurs vous la dites impossible à atteindre ? Si elle est hors d'atteinte, pourquoi donc s'acharner à l'éviter puisque de toutes les façons on ne risque rien ? » La réponse à une telle question réside dans le mode névrotique et très compliqué qu'a le névrosé de traiter ses idéaux. Ainsi la jouissance de l'Autre est-elle un rêve paradisiaque qui s'offre au névrosé de façons diverses et contradictoires : d'abord, c'est un rêve qui lui est cher et auquel il aspire ; ensuite, c'est un rêve qu'il sait irréalisable, chimérique et hors de sa portée ; et enfin, c'est aussi et surtout un rêve dont il sait que si par « malchance » ou par « bonheur », il venait à se réaliser un jour, son être serait alors en danger. Il craint en effet le risque extrême de voir son être disparaître. Vous voyez la contradiction flagrante que par ailleurs la clinique nous confirme quotidiennement : il *veut* la jouissance de l'Autre, il *sait qu'il ne peut pas* l'atteindre, et simultanément, il *ne veut pas* de cette jouissance. Il l'aime, elle lui est impossible, mais quand même elle lui fait peur. Bien entendu, tous ces niveaux se mêlent et se confondent quand nous écoutons nos analysants en prise à leurs rêves et à leurs craintes.

Comment comprendre la formule « là où la parole échoue, apparaît la jouissance » ?

J'aurais pu commencer mon exposé par une phrase générale et avancer : le corps est soumis au langage ; ou encore, j'aurais pu tout aussi bien reprendre une autre formule générale : nous sommes des êtres parlants. C'est une proposition qui aurait été facilement acceptée puisque tout le monde admet que nous parlons et que dans l'analyse la parole compte. On aurait pu ajouter : nous ne sommes pas seulement des êtres parlants, nous sommes des êtres habités par le langage. On aurait pu effectuer encore un pas supplémentaire et dire : nous sommes non seulement des êtres habités par le langage mais surtout des êtres dépassés par le langage, porteurs d'une parole qui vient au-devant de nous, nous renverse et nous atteint.

« L'inconscient, c'est que l'homme soit habité par le signifiant »
J.L.

Nous serions donc en présence d'une gradation. Premier degré : nous sommes des êtres parlants ; c'est un degré empirique qui ne correspond pas à la pensée de l'analyse. L'analyse va plus loin et affirme qu'au-delà, nous sommes habités par le langage et restons exposés à son incidence. Le deuxième degré nous situe ainsi comme étant exposés au langage, et même traversés par lui. Or c'est là qu'intervient le troisième degré. Quand le langage, ou plus exactement, quand un signifiant prend la forme d'un « dit » qui se dit hors de moi, à mon insu, alors un élément supplémentaire s'ajoute : c'est que le corps est affecté. La conception psychanalytique de la relation du sujet au langage trouve donc sa valeur et toute sa force à la stricte condition que nous pensions non seulement que le sujet dit sans savoir ce qu'il dit, mais surtout, que lors du renversement du sujet par la parole, le corps s'en trouve atteint. Mais quel corps ? Le corps en tant que jouissance. Le corps défini non pas comme organisme mais comme pure jouissance, pure énergie psychique, dont le corps organique ne serait que la caisse de résonance.

Voilà l'essentiel de la question. Alors, oui, je pourrais maintenant reprendre notre formule et déclarer : nous, les êtres jouissants que nous sommes, nous sommes marqués symboliquement dans le corps, ou déclarer tout simplement : notre corps est soumis au langage. Vous comprendrez maintenant que lorsque nous affirmons « le corps est atteint par une parole qui nous dépasse », cela signifie que le corps jouit. Et dire que le corps jouit signifie encore que, hors de toute sensation de douleur ou de plaisir consciemment ressentie par le sujet, il se produit — au moment de la manifestation de l'inconscient — un double phénomène énergétique : d'une part l'énergie se décharge (jouissance phallique), d'autre part et simultanément la tension psychique interne se réactive (plus-de-jouir).

Mais pourquoi dire que le désir n'est jamais satisfait, comme si la psychanalyse avait une vision peu optimiste des aspirations de l'homme ?

Je comprends votre réserve. Je vous répondrai en disant que là où le désir n'atteint pas son but, je veux dire là où le désir échoue, une création positive surgit, un acte créateur se pose. Cela étant, vous me demandez : pourquoi le désir doit-il échouer nécessairement ? Le désir ne sera jamais satisfait pour la simple raison que nous parlons. Et tant que nous parlerons, tant que nous serons immergés dans le monde symbolique, tant que nous appartiendrons à cet univers où tout prend mille et un sens, nous ne parviendrons jamais à la pleine satisfaction du désir, car d'ici à la pleine satisfaction, il s'étend un champ infini, constitué de mille et un labyrinthes. Puisque je parle, il suffit que dans la voie de mon désir, j'avance une parole ou pose un acte, y compris le plus authentique, pour rencontrer aussitôt une foule d'équivoques à l'origine de tous les malentendus possibles. L'acte peut être alors créateur, mais le plus pur des actes ou le plus juste des mots ne saura jamais éviter l'apparition d'un autre acte ou d'un autre mot qui me détournera du plus court chemin vers la satisfaction du désir. Une fois le mot dit ou l'acte posé, le chemin vers cette satisfaction s'ouvre à nouveau. On se rapproche du but, on pose un acte dans la vie et une autre voie s'ouvre encore. La ligne du désir reproduit exactement le trajet d'une analyse. C'est un chemin qui n'est pas tracé à l'avance, mais s'ouvre à chaque expérience. L'expérience analytique a lieu, elle s'inscrit comme un point, et à partir de ce point s'ouvre un nouveau tronçon. On le parcourt ainsi jusqu'à un autre point, naissance d'un nouveau parcours. L'analyse considérée comme le trajet d'une cure est un chemin en expansion, car une fois la limite atteinte, celle-ci se déplace d'un cran en avant. La formulation exacte serait : l'analyse comme chemin est un chemin limité mais infini. Limité, parce que se dresse toujours une limite qui arrête. Et infini parce que cette limite, une fois rejointe, se déplace à l'infini, toujours plus loin. C'est précisément cette même logique du déplacement que nous pouvons

Le plus pur des actes ne saurait satisfaire mon désir

appliquer pour comprendre tout aussi bien le trajet du désir que le trajet d'une analyse.

Selon la théorie des ensembles proposée par Cantor, ce mouvement en expansion est régi par un principe dit principe du passage à la limite[4]. Pour Cantor, le passage à la limite signifie que l'arrivée à la limite génère un ensemble infini. Et si nous revenons à notre terminologie, nous disons : on atteint à un seuil, et aussitôt, s'ouvre une suite à l'infini.

Vous avez parlé de la jouissance mais pas du plaisir. Le plaisir et la jouissance sont-ils deux notions équivalentes ou bien renvoient-ils à deux mondes séparés ?

Dans une approche plus générale, je vous répondrai en englobant la jouissance et le plaisir comme deux formes distinctes d'expression de l'énergie psychique. Mais de nouveau, comment définir l'énergie ? La chose, nous le savons, n'est pas aisée. Si vous demandiez en effet à un physicien de définir l'énergie, il aurait la même difficulté que le psychanalyste pour rendre compte de la nature du plaisir ou de la jouissance. Le scientifique serait contraint pour définir l'énergie d'en situer d'abord le contexte. Il décrirait alors une énergie solaire, une énergie mécanique, une thermique, tout mode d'énergie défini selon le milieu dans lequel l'énergie se dégage. En outre, le physicien produira, nous l'avons vu, une formule algébrique, une constante numérique pour pouvoir travailler à partir d'un calcul exact de l'énergie. Nous n'avons pas quant à nous de formule algébrique pour calculer le plaisir ou la jouissance. Ni le plaisir ni la jouissance ne sont strictement définissables en soi. On ne peut les situer que par leur contexte : pour le plaisir, nous considérons la conscience, le ressenti et la baisse de tension ; pour la jouissance, le fait qu'elle est inconsciente, qu'elle coïncide avec l'augmentation de tension et qu'il n'y a pas nécessairement de ressenti.

La jouissance n'est pas le plaisir

Le plaisir est la figure consciente ou préconsciente mais toujours ressentie de l'énergie, tandis que la jouissance — je pense ici surtout aux jouissances locales — en est la figure inconsciente et jamais immédiatement ressentie. Mais la distinction consciente/inconsciente n'est qu'un critère très général pour distinguer plaisir et jouissance. D'un point de vue économique, je veux dire du point de vue de la variation d'intensité de l'énergie, le plaisir est avant tout la sensation agréable perçue par le moi lors d'une baisse de tension. Dans le plaisir, rappelez-vous Freud, il s'agit d'une diminution de la tension psychique dans le sens du repos et de la détente. La jouissance quant à elle consiste en un maintien ou en une vive augmentation de la tension. Elle n'est pas immédiatement ressentie, mais elle se manifeste indirectement lors des épreuves maximales que doivent traverser le corps et la psyché, le sujet tout entier. La jouissance est un mot pour dire l'expérience d'éprouver une tension intolérable, mélange d'ivresse et d'étrangeté. La jouissance est l'état énergétique que nous vivons dans des circonstances limites, dans des situations de rupture, au moment où l'on est à même de franchir un cap, d'assumer un défi, d'affronter une crise exceptionnelle, parfois douloureuse.

Prenons l'exemple du jeu infantile : il y a jouissance chez cet enfant qui, entouré de copains, monte sur un toit en pente et se laisse griser par le risque de tomber. C'est de l'ordre du défi. Il jouit non seulement dans le défi lancé à ses semblables mais dans le fait de mettre à l'épreuve ses propres limites. Le plaisir, c'est tout le contraire. Supposons le même enfant maintenant détendu, qui se laisse bercer par le mouvement agréable d'une balançoire. Tout est en lui repos et décontraction. Mais si, en se balançant, il est pris soudain de l'envie de connaître le point limite qu'il peut atteindre jusqu'au risque de basculer dans le vide, c'est alors la jouissance qui ressurgit. De même, dans l'expérience de l'analyse, on peut ressentir le plaisir de venir à une séance et se conforter en parlant, mais on peut aussi vivre des moments d'extrême tension voire de douleur dans lesquels c'est la jouissance qui prime.

Schématiquement, je vous dirais donc que le plaisir équivaut à la tension réduite, tandis que la jouissance équivaut à la tension maximale. La jouissance est l'état maximal où le corps est mis à l'épreuve. Peut-être, l'exemple le plus sensible où le corps est mis à l'épreuve est-il celui de la douleur inconsciente manifestée souvent à travers des actions impulsives. Je dirais même que la douleur est une des figures majeures du plus-de-jouir, ou, comme j'ai eu l'occasion de le démontrer dans mon séminaire, le paradigme de l'objet *a*.[5]

Or, si la jouissance n'est pas directement ressentie, vous pourriez me demander : mais comment peut-on parler de jouissance ou de douleur si je ne l'éprouve pas ? Comment peut-on faire exister deux termes aussi antinomiques que « douleur » et « inconscient » ? Et dans le même esprit, vous pourriez encore me questionner : si la jouissance est une tension non ressentie, d'où l'inférez-vous ?

Ne devrait-on pas plutôt dire qu'au contraire on ressent la jouissance, mais qu'on la ressent seulement après coup ?

Le silence de la jouissance

Effectivement, vous avez raison, il serait plus approprié de dire que la jouissance n'est jamais ressentie immédiatement à son acmé, mais seulement après coup. Prenons l'exemple de cet homme qui, dans un élan suicidaire, prend le volant de sa voiture, emprunte l'autoroute et conduit dans un état second, jusqu'à frôler l'accident. Le moment difficile passé, il s'arrête et se ressaisit en pensant à son passage à l'acte... Nous pouvons déduire de ce moment où le sujet a oscillé entre la vie et la mort, qu'il y a eu jouissance. Cet homme a vécu sous l'emprise d'une tension meurtrière, dans un élan passager de se détruire. Voilà une expression indirecte de l'impact de la jouissance : il n'a éprouvé aucune sensation précise et définie, mais le vague sentiment d'une force qui l'entraînait à l'action. De ce moment paroxystique, on peut déduire que cet homme a vécu sous l'emprise non pas de l'alcool, mais d'une drogue mille fois plus puissante, agissant en tout être humain, à savoir la charge d'une jouissance muette et dominatrice.

Comme si dans la jouissance, le corps reprenait tout.

Vous dites « le corps reprend tout », et je traduirais par « action ». La jouissance fait fi des mots et de la pensée, pour ne se dire que dans l'action. En effet, une des manifestations les plus typiques de l'état de jouissance telle que nous la définissons : haute tension psychique non franchement ressentie, c'est le passage à l'acte et en général, toutes les actions, qu'elles soient dangereuses ou non, mais qui vont au-delà de nous-mêmes. Quand la jouissance domine, les mots disparaissent et l'action prime. La sœur de la jouissance est l'action, tandis que celle du plaisir est l'image. Le plaisir est toujours dépendant de l'aller et du retour des images qui se reflètent en face de moi. Le plaisir est une sensation perçue et éprouvée par le moi. En revanche, la jouissance se fait entendre par des actions aveugles, qu'elles soient des actions productives quand un peintre crée, hors de lui, sa toile ; ou des actions destructrices comme celle du conducteur qui a frôlé la mort. Mais dans tous les cas, ce sont des actions où le sujet est seulement corps, ou comme vous dites, dans lesquelles le corps prend tout ; le sujet ne parle ni ne pense. Lacan, inspiré par le cogito de Descartes, aurait pointé la position du sujet dans l'état de jouissance en énonçant : Je suis là où je ne pense pas.

Peut-on dire alors qu'il y aurait un sujet de la jouissance, qu'un sujet jouit ?

Non. Il n'y a pas un sujet de la jouissance comme il y a un sujet de l'inconscient. La différence est essentielle. Le sujet de l'inconscient est toujours représenté par un signifiant, sa présence est obligatoirement marquée par une représentation qui l'indique et le signifie. En ce qui concerne la jouissance, j'ai déjà souligné l'absence de signifiant représentatif. En théorie lacanienne, le sujet est toujours accolé d'un signifiant ; pour Lacan, il n'y a pas de signifiant sans sujet, et réciproquement, il n'y a pas de sujet sans signifiant. Nous dirons par conséquent : il n'y a pas de sujet de la jouissance car il n'est pas de signifiants qui puissent la dire. Alors votre question se pose en effet. Quand il y a jouissance, qui jouit ? Eh bien, je répondrai que personne ne jouit, que nous ne jouissons pas de quelque chose, mais que quelque chose jouit en nous, hors de nous.

Il existe un autre aspect de la distinction plaisir-jouissance, celui du temps. A l'égard de la temporalité, quel rapport y a-t-il entre plaisir et jouissance ?

Je vous répondrai en disant que le plaisir est résolument transitoire tandis que la jouissance est si radicalement permanente qu'elle en devient intemporelle. Le plaisir passe et disparaît tandis que la jouissance est une tension collée à la vie même. Tant qu'il y a jouissance il y aura vie, parce que la jouissance n'est autre que la force qui assure la répétition, la succession inéluctable des événements vitaux. Si je devais établir un rapprochement entre le concept lacanien de jouissance et la théorie freudienne de la répétition, je conclurais en identifiant la jouissance à ce que Freud appelle la

« compulsion de répétition ». S'il est un concept freudien proche de la jouissance conçue comme la force qui assure la répétition, c'est bien celui de compulsion de répétition, compris comme la tendance irréductible chez l'humain à vivre certes vers l'avant, mais en essayant de compléter les actes ébauchés dans le passé. Toute la force de la vie est là.

D'un point de vue psychopathologique, quel est le rapport du pervers avec la jouissance ?

Le pervers imite le geste de jouir

Je serai très bref, car nous reviendrons sur la jouissance du pervers. Disons que des trois types cliniques — névrose, psychose et perversion — celui qui est le plus proche, mais le plus *faussement* proche de la jouissance est la perversion. Car si le névrosé évite et récuse la jouissance de l'Autre comme nous l'avons montré, le pervers lui, non seulement la recherche, mais il la mime et la singe. Le pervers est celui qui imite le geste de jouir.

Quelle est la place de la jouissance dans une cure analytique ?

La jouissance, moteur de la cure

C'est une question qui sera présente tout au long de ces leçons car elle est essentielle pour comprendre ce qui anime une analyse. Je me limiterai pour le moment à deux remarques qui résument au mieux tous les propos que je pourrais soutenir sur la place de la jouissance dans la cure. D'abord et avant tout, la jouissance, et en particulier sa modalité du plus-de-jouir, c'est-à-dire ce surplus qui maintient sans cesse le haut niveau de la tension interne, eh bien cette jouissance est le moteur de la cure, le noyau autour duquel gravite l'expérience analytique. Ce qui domine dans une analyse n'est nullement comme on aurait tort de le croire, la parole, mais le pôle attracteur et dominateur de la jouissance. Toujours dans le cadre de cette première remarque, je préciserai encore — et nous y reviendrons fréquemment — que ce pôle de la jouissance n'est pas pure abstraction, mais revêt dans la cure diverses figures corporelles tels le sein, les fèces, le regard, etc. Toutes représentations figuratives de la jouissance qui trouveront leur place dans les différents fantasmes construits consciemment ou inconsciemment par l'analysant au sein de la relation transférentielle. L'autre remarque concerne la fonction du psychanalyste, car, de toutes les positions qu'il est amené à occuper, celle où il s'identifie à la jouissance (plus-de-jouir) est la plus favorable pour agir adéquatement *.

Vous aviez défini la jouissance à partir de la métaphore freudienne de l'énergie psychique et vous venez de la distinguer du plaisir en ayant de nouveau recours à l'énergie. Finalement, pourquoi privilégier ainsi le concept d'énergie ?

Jouissance et énergie

Ce rapprochement terme à terme entre Freud et Lacan que je vous ai proposé et dont j'assume

* Une illustration clinique de ces propos se trouve dans la cinquième leçon, à laquelle le lecteur peut déjà se reporter.

l'entière responsabilité, montre que le concept lacanien de jouissance peut être considéré comme un renouvellement fécond de la métapsychologie freudienne. Comme si Lacan, tout en respectant la dynamique et la tripartition freudiennes de l'énergie psychique (énergie déchargée, énergie conservée et but idéal impossible), se dégageait, grâce au mot jouissance, de l'explication mécaniste et économique du fonctionnement psychique. Bien que Lacan — comme nous l'avons vu dans cette leçon — ait opposé énergie et jouissance, il m'a semblé que le rapprochement jouissance-énergie reste l'articulation la plus adéquate que j'ai trouvée cependant pour rendre compte de la théorie lacanienne des jouissances. Une fois cette précision établie, je peux maintenant me servir de la notion freudienne d'énergie — en toute connaissance de ses limites — afin de mieux montrer le concept lacanien de jouissance.

Mais qu'a-t-on gagné en substituant le mot jouissance à celui d'énergie ? En quoi consiste la fécondité de la révision lacanienne de la métapsychologie freudienne ?

Avec le mot jouissance, Lacan introduit deux concepts principaux : celui de « phallus » et celui d'« impossible rapport sexuel ». Le premier fait fonction de limite qui ouvre et ferme l'accès à la décharge de l'énergie. Le second fait fonction de but idéal jamais atteint. Mais, que ce soit le phallus comme limite ou que ce soit l'impossible rapport sexuel comme mirage de l'absolu, avec le mot jouissance, Lacan résout un problème capital de la théorie psychanalytique. Un problème que le concept d'énergie n'arrive pas à solutionner, à savoir celui de la nature du sujet qui éprouve le déplaisir de la tension inconsciente quand l'énergie est endiguée par le refoulement, et qui éprouve une relative accalmie inconsciente quand la même énergie est déchargée. En fait, la logique de la pensée lacanienne est difficile à cerner, car Lacan opère un mouvement contradictoire dans l'articulation sujet/jouissance. A mes yeux, dans un premier temps, il introduit le mot jouissance pour, en partie, subjectiver l'énergie psychique, comme pour bien montrer le phénomène dont Freud avait eu l'intuition en 1938, en parlant d'« autoperception du Ça ». Selon Freud, les variations de la tension énergétique au sein du Ça sont perçues par le Ça lui-même. Au lieu de dire comme Freud que le Ça, réservoir des pulsions, autoperçoit ses propres variations d'énergie, Lacan avance : l'inconscient travaille et en travaillant, c'est-à-dire en assurant la répétition, l'inconscient jouit. Énoncer que l'inconscient jouit, c'est, dans un premier temps subjectiver l'inconscient, l'anthropomorphiser, le supposer comme un sujet, instituer une des figures du sujet supposé savoir. Mais aussitôt Lacan retire toute référence à la subjectivité et avance au contraire que si l'inconscient jouit, il n'y a pas pour autant de sujet jouissant. En bref, avec le mot jouissance, Lacan introduit le sujet, et ce, pour mieux le retirer.

Lors de la prochaine leçon nous reprendrons plus en détail le principe de l'inconscient structuré comme un langage.

*

*   *

Deuxième leçon

L'Inconscient

L'inconscient n'existe qu'à l'intérieur du champ de l'analyse

Il n'y a pas d'inconscient propre à chacun de nous

Lalangue

Qu'est-ce qu'une structure ?

La peur de rougir

Le signifiant bondit de sujet en sujet

Pas de signifiant sans sujet

La naissance du sujet

A propos de l'inconscient, je voulais d'emblée connaître votre réaction face à la repartie d'un ami qui ne croit pas à la psychanalyse et me disait récemment : « Moi, je n'ai pas d'inconscient ! » Qu'en pensez-vous ? Peut-on ne pas avoir d'inconscient ?

Si vous me permettez la pointe, je crois que votre ami a raison : il n'a pas d'inconscient.

Comment peut-il avoir raison !

L'inconscient n'existe qu'à l'intérieur du champ de la psychanalyse

Il a raison parce qu'à mon avis, si l'inconscient existe, il ne peut exister qu'à l'intérieur du champ de la psychanalyse, et plus précisément à l'intérieur du champ de la cure. Or votre ami semble se situer hors de ce champ et par conséquent hors de l'inconscient. Je comprends que ma position puisse vous paraître trop restrictive et que de nombreuses objections s'y opposent. J'imagine par exemple que vous pourriez me rappeler les différents textes de Freud, telle la *Psychopathologie de la vie quotidienne*, dans lesquels il démontre l'existence de l'inconscient dans un champ aussi extérieur à la cure que peut l'être la vie quotidienne. Cependant, si nous reprenons le principe lacanien de l'inconscient structuré comme un langage, et notre démonstration développée dans la première leçon, nous arrivons à la conclusion qu'en effet l'inconscient n'existerait qu'au sein d'une cure analytique. Je ne croyais pas devoir ainsi débuter cette leçon. Aussi votre intervention m'amène-t-elle à poser dès maintenant la série de propositions qui justifient ma thèse qu'il n'y aurait d'inconscient qu'au sein de l'analyse. Je tiens à préciser que ces propositions résultent de ma lecture de l'œuvre lacanienne, mais n'ont jamais été énoncées par Lacan. Je soutiendrai ces propositions comme si elles étaient les réponses à la question : « Quand peut-on dire que l'inconscient existe ? »

*

D'abord, l'inconscient se révèle dans *un acte* qui surprend et dépasse l'intention de l'analysant qui parle. Le sujet dit plus qu'il ne veut et, en disant, il révèle sa vérité.

*

Cet acte, plutôt que de révéler un inconscient occulte et déjà là, produit l'inconscient et le fait exister.

*

Pour que l'inconscient soit, encore faut-il qu'il soit écouté

Or, pour qu'effectivement cet acte fasse exister l'inconscient, il est indispensable qu'un autre sujet écoute et reconnaisse la portée de l'inconscient ; ce sujet étant le psychanalyste : « ... l'inconscient implique-t-il qu'on l'écoute ? A mon sens, oui » répond Lacan[6]. En effet, pour que l'inconscient soit, encore faut-il qu'il soit reconnu.

*

Mais cette reconnaissance n'est pas une reconnaissance de pensée, elle est une reconnaissance d'être, c'est-à-dire que le psychanalyste reconnaît en acte, à partir de son être et de son propre inconscient, l'inconscient de l'autre. Pour reconnaître que l'acte de l'analysant est une mise en œuvre de l'inconscient, il faut donc un autre acte, celui de l'analyste. Certes, de nombreuses différences distinguent l'acte de l'analysant et l'acte de l'analyste, un lapsus de l'analysant est différent de l'interprétation du psychanalyste, mais du point de vue auquel nous nous plaçons, c'est-à-dire du point de vue qui considère l'inconscient comme une structure, ces deux actes sont formellement identiques ou si l'on préfère, signifiants.

*

Si le psychanalyste est en mesure de sanctionner en acte l'existence de l'inconscient de son analysant, c'est parce qu'il a déjà parcouru lui-même, en tant que patient, le chemin d'une analyse.

*

Cette conjonction de deux actes qui, dans le champ de la cure, met en œuvre l'inconscient, nous permet d'avancer trois hypothèses, que je vous soumets :

• L'inconscient n'est pas une instance occulte, déjà là, en attente d'une interprétation qui viendrait la révéler, mais une instance *produite* lorsque l'interprétation de l'analyste, considérée comme un acte de son inconscient, reconnaît l'acte de l'inconscient de l'analysant.

• Ainsi produit, l'inconscient est une structure *unique*, commune à l'un et à l'autre des partenaires analytiques. En conséquence, nous devons corriger l'hypothèse précédente et conclure qu'il n'y a pas un inconscient appartenant à l'analysant et puis un autre inconscient appartenant au psychanalyste, *il n'y a qu'un seul inconscient*, celui produit, unique au sein du transfert.

• La troisième hypothèse enfin, est la réaffirmation de ma proposition initiale de penser l'existence de l'inconscient exclusivement à l'intérieur de la cure en rappelant que Lacan lui aussi s'est arrêté sur le même problème sans avoir tranché. En réponse à la remarque d'un interlocuteur qui affirmait : « Je disais que la psychanalyse ne peut être valide que dans le champ de ses observations, qui est la situation analytique », Lacan répliqua : « C'est exactement ce que je dis. Nous n'avons pas moyen de savoir si l'inconscient existe hors de la psychanalyse[7] ».

*

Quand l'inconscient a été interprété, cela suppose-t-il qu'on a eu une prise sur lui ?

L'inconscient est un nom

L'inconscient est un savoir que nous ne saurions appréhender directement. L'inconscient comme savoir est plus qu'une hypothèse, c'est presque une thèse, et mieux, un principe ou encore, un axiome. C'est-à-dire que nous ne connaissons pas l'inconscient, nous ne pouvons pas le saisir, il n'est pas tangible, il est aussi intangible que le nombre imaginaire *i*. Il est insaisissable, mais nous lui donnons un nom. Que fait Freud ? Il nomme. Freud fonde, nomme. Freud met un nom à l'événement inattendu, au rêve qui surprend le sujet, et dit : « Ici, il existe un savoir autre que nous allons appeler inconscient. » C'est la partie folle du père. Un père est fou quand il n'a pas peur de fonder. Quand le père fonde il s'identifie au nom, il est le nom, il aliène son être dans un nom, il se fait signifiant du Nom-du-Père. Il y a de l'insensé chez Freud quand il avance avec une folle certitude : « Voici l'inconscient » ; non pas dans le sens où il reprend ce terme qui existait déjà chez de nombreux philosophes, mais dans le sens où il lui donne une consistance jusque-là inédite. Car il ne se contente pas de déclarer : « Voici l'inconscient », il ajoute : « Voici l'inconscient et nous le supposons comme une chaîne de représentations. » Et encore : « Nous nous faisons deux conceptions de l'inconscient, et même trois, une conception dynamique, une topique et une économique. » Il commence par nommer et la chose existe. Mais bien entendu, tout nom n'est pas capable à lui seul d'instituer l'existence. Encore faut-il que ce nom

Il y a de la folie dans l'acte de fonder

se répète et s'inscrive dans une structure. Nommer n'est pas simplement apposer un nom, nommer c'est un acte qui non seulement fait exister un élément, mais donne consistance et engendre une structure. Freud nomme, la chose existe, et la consistance se déploie.

Or, bien souvent, dans le cadre de la cure, l'interprétation du psychanalyste se limite à cet acte, celui de nommer. Une interprétation juste consiste précisément à mettre le nom juste sur l'événement qui surgit. Et ce faisant, cela fait exister la structure de l'inconscient. Mais le problème est qu'il faut interpréter sans trop y penser. Une interprétation n'est pas une intervention réfléchie ni calculée, une interprétation est un nom qu'on donne sans trop savoir, et en le donnant, on accomplit un saut. Une interprétation c'est le saut d'un nom ; c'est un passage, un franchissement, un passage à gué en se mouillant. Vous le voyez, l'interprétation en tant qu'acte de nommer implique le risque de s'exposer.

*

Selon vous, à partir de quelles données objectives Lacan a-t-il déduit son principe d'un inconscient structuré comme un langage ?

Votre remarque m'amène avant tout à rappeler la distinction très importante entre langage et langue. Certes, l'inconscient a une structure de langage, mais ses effets se manifestent sur le terrain de la langue, c'est-à-dire sur celui du langage parlé.

Or, les données concrètes et objectives qui permettent d'inférer la structure langagière de l'inconscient sont des extériorisations de l'inconscient. Nous avons déjà noté que chacune des manifestations de l'inconscient devait être répertoriée formellement au titre de signifiant, plus exactement, d'*un* signifiant. Nous avons dit aussi que ces extériorisations appartenaient à diverses réalités : un geste du corps, une parole inopinée, ou tout autre événement. Mais, parmi toutes les réalités dans lesquelles l'inconscient s'exprime, celle de la langue offre la meilleure ouverture pour accéder à l'ordre structural de l'inconscient. De la même manière que Freud tenait le rêve pour la voie royale d'accès à l'inconscient, je dirais que pour Lacan, la route royale à suivre est celle de la langue.

Lacan respecte ainsi la différence établie par Saussure entre langue et langage : la langue est le langage parlé. Il y a d'abord une langue qui serait par exemple le dialecte de Cali, que je suppose très distinct de celui de votre capitale, Bogota, même si, dans ces deux régions on parle la même langue, l'espagnol. Il y a ensuite et surtout cette langue particulière qui est la langue maternelle, la langue parlée par la mère. Or, l'inconscient se manifeste justement dans cette langue. En vérité, la bonne définition serait : « L'inconscient est structuré comme un langage et se manifeste dans la langue parlée par la mère. »

Mais alors, notre inconscient est structuré en espagnol puisque nous parlons espagnol ?

Non, l'espagnol est avant tout une langue dans laquelle se manifeste l'inconscient et non pas un langage dans lequel il se structure. Remarquez qu'à une certaine époque, je m'étais posé une question semblable en me disant que l'inconscient est structuré en latin parce que...

... *Parce que c'est dur à comprendre !...*

... Non, parce qu'en travaillant la logique du Moyen Age, j'avais pensé à l'inconscient de ces logiciens comme par exemple, Shyreswood ou Ockham, et m'étais dit : « Puisque ces gens écrivaient en latin et faisaient de la logique en latin, la structure de leur inconscient devait forcément être influencée par le latin, même si la langue de leur mère était l'anglais médiéval... et que les psychanalystes n'existaient pas encore. » Cela étant, convenons que l'inconscient est structuré comme un langage ayant des effets dans les différentes langues que le sujet parle et tout particulièrement sa langue maternelle.

Or, la différence entre langage et langue nous sert aussi pour penser le rapport de l'enfant avec sa mère. Car on pourrait dire que la langue maternelle, cette langue que la mère parle, est la langue de la peau, de tout ce qui est relatif au corps, en un mot, de la jouissance. Lacan écrit « *lalangue* »,

« Lalangue où la jouissance fait dépôt... »
J. L.

pour souligner combien l'inconscient se manifeste dans une langue et que c'est à partir de ces manifestations que la théorie analytique suppose un inconscient structuré comme un langage. Mais pourquoi créer ce néologisme de « lalangue » ? Pour faire entendre que ce n'est pas tant la langue de Cali ou le dialecte de telle région qui importent, c'est avant tout lalangue où se manifestent les effets de l'inconscient. Ce néologisme lacanien d'écriture qui soude l'article et le nom sert à distinguer la langue de l'inconscient, de la langue dans son acception linguistique. C'est lalangue avec laquelle me parle tel patient, et tel autre, et encore tel autre. Chaque patient parle en dernière instance une langue différente. Pourquoi ? Parce que ce n'est pas seulement du français qu'il s'agit, c'est son français à lui, familier, maternel, celui de son histoire singulière. Et s'il est bilingue et parle un mauvais français, ce mauvais français sera pour lui sa « lalangue ». Il faudrait approfondir le phénomène du bilinguisme et observer comment les effets de l'inconscient émergent plus facilement si l'on parle deux langues plutôt qu'une ; je veux dire, si l'on a tété deux langues plutôt qu'une. Lalangue est quelque chose que l'on tète, c'est la partie maternelle et jouissante de la langue. Lalangue reste intimement liée au corps, donc éminemment chargée de sens. Lalangue est une langue de sens, pleine de sens.

Il n'y a pas d'inconscient à soi, mais il y a une lalangue à soi

Si « lalangue se tète », il faudrait alors corriger le célèbre dicton populaire espagnol, et au lieu de dire : « Celui qui ne pleure pas, ne tète pas », corriger et dire : « Celui qui ne tète pas, ne parle pas » !

Votre inspiration est belle et m'évoque ceci : en effet, s'il fallait téter pour parler, que faut-il faire alors pour écrire ? Ce n'est pas en tétant qu'on écrit. Il y a quelque chose de l'ordre de la rupture quand on écrit, il y a un déchirement. Probablement l'écriture a plus d'affinité avec le langage comme structure qu'avec la langue maternelle. Cela étant, lalangue dans laquelle l'inconscient produit ses effets est une langue liée au corps. Or, que signifie « liée au corps », sinon chargée de sens ? Quand on donne un sens aux choses, le corps est au milieu. Nous donnons un sens d'après le corps que nous avons. Toute intervention du psychanalyste révélatrice d'un sens, reste une intervention imprégnée de corps. Le corps est là, dans la connaissance, dans la lecture d'un texte, dans la compréhension de ce qui est écrit et dans le simple fait de s'exclamer : « Je comprends ! » C'est là qu'est le corps. La connaissance est liée à l'image du corps. Hegel, le premier, a établi les fondements corporels et imaginaires de la connaissance. Suivant une intuition hégélienne, Lacan inventa le concept de connaissance paranoïaque. Pour Lacan, toute connaissance est une connaissance paranoïaque, c'est-à-dire que dans toute connaissance on fixe et on fige les objets du monde en leur assignant un sens. Et j'ajouterai : à travers l'image du corps. Oui, la connaissance c'est produire un sens à travers l'image du corps. Paul Valéry disait : « On n'entre dans la connaissance qu'à travers le seuil du corps. » Nous aimerions faire nôtre cette formule.

Le sens, c'est du corps

*

L'inconscient se manifeste dans lalangue, mais pourquoi Lacan prend-il la référence plus générale du langage pour concevoir le système inconscient ? Pourquoi avoir choisi le langage ?

Qu'est-ce qu'une structure ?

Rappelons d'abord que l'aphorisme lacanien est né à une époque marquée par l'influence de la linguistique structurale, posée alors comme modèle d'une jeune science ayant à construire son propre objet, le langage. Or, le langage répondait si bien aux critères régissant une structure, qu'il est devenu l'archétype de toute structure. C'est précisément dans cette perspective éminemment formelle de la linguistique, que Lacan élève le concept d'inconscient au rang d'un langage, c'est-à-dire d'une structure dont l'unité est l'élément signifiant. L'inconscient satisfait ainsi aux exigences qui définissent toute structure. Quelles sont-elles ?

• Une structure est une chaîne d'éléments distincts dans leur réalité matérielle, mais semblables dans leur appartenance à un même ensemble. Ces éléments s'appellent signifiants.

Savoir incessamment qui travaille...

• Les signifiants articulés entre eux, obéissent au double mouvement de connexion (métonymie) et de substitution (métaphore). La métonymie est la connexion qui maintient reliés, à la manière d'une chaîne, un signifiant à l'autre, un maillon avec un autre. Elle assure qu'à tel moment, la chaîne soit en mesure de déléguer un signifiant à la place périphérique de l'*Un*. Quant à la métaphore, elle désigne le mécanisme de substitution grâce auquel cette délégation se produit, c'est-

... et produit le signifiant

à-dire, le mécanisme grâce auquel l'inconscient s'extériorise sous la forme d'un signifiant (signifiant métaphorique).

• Le double mouvement de connexion et de substitution des signifiants entraîne la structure à s'actualiser sans cesse, c'est-à-dire à placer en permanence un de ses éléments à la périphérie. Le trou laissé vacant par le signifiant qui a été marginalisé — signifiant devenu maintenant bord et limite de la structure — est un manque inscrit dans la chaîne. Un manque qui a pour effet la mobilité de l'ensemble.

Voici donc, brièvement rappelé, le fonctionnement structural de l'inconscient qui est celui de tout langage. Si nous reprenons maintenant nos propos de la première leçon en les éclairant de ces critères structuraux, nous pouvons dire en une formule que l'inconscient est un savoir qui, mû par la force de la jouissance, travaille comme une chaîne métonymique en vue de produire un fruit : le signifiant métaphorique ; et un effet : le sujet de l'inconscient. Vous voyez bien combien le mot « langage » recèle en vérité l'intelligence d'un agencement signifiant qui se manifeste sans cesse. Nous ne faisons que traduire ici le fait clinique le plus quotidien, à savoir que l'inconscient est un processus constamment actif sous la forme de l'émission toujours renouvelée d'un dit signifiant.

Ce renouvellement correspondrait au concept de répétition chez Lacan ?

Effectivement. Le renouvellement du signifiant métaphorique correspond bien au processus de

Répéter, c'est occuper tour à tour la place de l'Un

répétition tel que nous pouvons le concevoir d'après Lacan sous l'appellation d'*automatisme de répétition*. Visiblement, ces termes de renouvellement et de répétition sont contradictoires puisque renouveler c'est remplacer une chose ancienne par une autre chose nouvelle, tandis que répéter c'est voir réapparaître un élément identique. Renouveler c'est remplacer, alors que répéter c'est revenir au même. Or, en psychanalyse, cette contradiction n'est qu'apparente, à condition d'admettre que le même de la répétition est une place, celle du signifiant *Un*, place occupée successivement par des événements dont la réalité est à chaque fois différente. En occupant cette place, l'événement s'identifie à l'*Un*, et par le fait de l'avoir occupée, il est investi de la fonction de signifiant et se range immédiatement dans la chaîne métonymique de tous les autres signifiants. Par conséquent, quand nous parlons de répétition, nous devons comprendre que ce qui se répète c'est *l'occupation* de la place de l'*Un*. L'élément dans le rôle de l'*Un* perd ainsi sa singularité et devient identique à l'élément qui l'avait précédé et à celui qui lui succédera.

Je voudrais insister, car la logique de l'automatisme de répétition nécessite toujours un effort particulier de pensée. Dans la répétition il faut donc considérer deux places, la place de l'*Un* occupée par l'événement qui survient — le symptôme par exemple — et puis une deuxième place, virtuelle, celle de la chaîne où l'événement qui auparavant avait pris la place de l'*Un*, vient maintenant se ranger. Quand il occupe la place de l'*Un*, il est seul, identifié à l'*Un ;* quand il se range parmi les autres dans la chaîne, il est un signifiant entre autres. Chaque fois qu'un élément — symptôme ou toute autre manifestation de l'inconscient — prend la place de l'*Un*, aussitôt s'ouvrent le passé des répétitions déjà advenues, et le futur des répétitions à venir.

Reprenons notre formule de la première leçon : quand un symptôme survient, il annonce en acte la répétition des symptômes futurs et rappelle qu'il est la répétition des symptômes déjà passés. Le symptôme qui survient occupe la place de l'*Un* qui fait limite, tandis que les autres symptômes passés et futurs représentent la chaîne métonymique. Si je réunis la suite des symptômes déjà passés et la suite des symptômes à venir et les abstrais en formant un ensemble commun, je retrouve alors deux instances : un seul symptôme, celui en acte, et l'ensemble virtuel des symptômes passés et à venir. Je dirais que l'inconscient est une chaîne infinie mais limitée, infinie parce qu'infiniment active à produire une métaphore, et limitée en acte par la métaphore produite. La chaîne ne reste pas statique, mais se déplace dans un mouvement alternant et répétitif. Aujourd'hui, tel dit apparaît, tel symptôme, mais demain un autre symptôme surgira à la même place, au lieu de l'*Un*. Alors que le dit aura déjà été oublié, un autre symptôme différent apparaîtra, mais toujours à la même place de l'*Un*.

« Le déplacement [du signifiant est] comparable à celui de nos bandes d'annonces lumineuses... en raison de son fonctionnement alternant »
J. L.

On pourrait résumer la logique de la répétition en un schéma (figure 2) dans lequel l'exemple de l'événement faisant fonction de l'*Un* est un *dit* énoncé par l'analysant à son insu, et la chaîne des autres signifiants est représentée par un ensemble de *dires*. Le dit signifie l'acte d'énoncer un dire ; le dire par contre signifie ce qui va se dire, ce qui un jour peut-être devra se dire, ou encore ce qui a déjà été dit. Ce sont des dires qui, en attendant d'être dits ou ayant déjà été dits, restent à l'état virtuel et inconscient. J'énonce à présent un dit mais j'ignore quand et où un autre dit va réapparaître ; peut-être me surprendra-t-il dans le rêve de cette nuit ou dans tel événement imprévisible du lendemain. En un mot, le *dire* peut se définir comme un dit non encore dit ou bien comme un dit déjà dit dans le passé et en attente de réapparaître, alors que le *dit*, lui, a valeur d'acte ; il est l'acte de dire. Le dit est toujours un acte tandis que le dire reste suspendu dans la virtualité d'un passé et d'une attente. Nous devrions mieux le formuler et compléter en ajoutant que le dit est un acte certes, mais qui condense en lui seul, ponctuellement, l'ensemble de la chaîne des dires inconscients. Aussi pourrions-nous avancer que le dit signifiant est la mise en acte de l'inconscient ou encore que l'inconscient existe dans l'acte d'un dit. Pour être complet, je devrais rappeler que la logique du couple dires/dit peut se traduire dans la terminologie freudienne par le couple : représentations refoulées/retour du refoulé. Ce qui nous permettrait d'avancer simplement : le dit est le retour des dires refoulés [8].

*

*   *

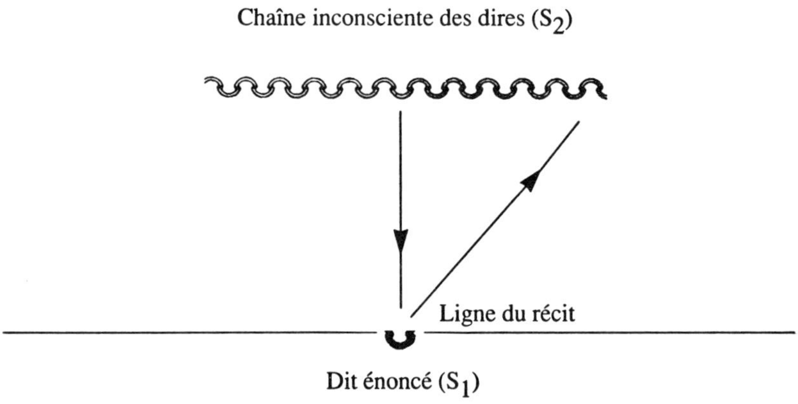

Figure 2

L'inconscient n'existe que dans l'acte d'un dit

L'inconscient existe dans l'acte d'un dit, il se réduit donc à un dit ; et en même temps, il est structuré comme un langage, il a l'ampleur d'une structure. N'y aurait-il pas là une contradiction ?

Ces deux formules ne sont nullement contradictoires. Quand l'inconscient existe, il n'existe que dans l'acte d'un dit, pas avant, pas après ; tandis que comme structure, l'inconscient est supposé et ce, après que l'acte a été posé. Quand nous soutenons avec Lacan que l'inconscient est un savoir structuré comme un langage, c'est bien d'une structure supposée qu'il s'agit, supposée à partir du dit. Disons-le mieux, l'inconscient est une structure actualisée, mise en acte sous la forme d'un dit ayant les propriétés d'un signifiant. L'inconscient appartient donc autant à l'ordre de l'*Un* — c'est le dit qui l'actualise — qu'à l'ordre de la structure — c'est la chaîne qui le constitue ; l'inconscient est tout à la fois le dit et l'ensemble.

Quand vous énoncez que l'inconscient existe en acte, que faut-il entendre par le mot « existence » ?

D'abord, il faut comprendre que l'inconscient est un ensemble bordé par un élément qui a été

« Pour que quelque chose existe, il faut qu'il y ait quelque part un trou »
J. L.

extrait de sa trame. Si nous admettons le couple d'*un ensemble* et d'*un élément* extrait de l'intérieur de l'ensemble et qui réapparaît à son bord, nous pouvons définir la structure de l'inconscient comme un ensemble moins 1, bordé par ce 1. Ainsi, ce sera un ensemble troué à l'intérieur, mais limité par un bord. L'élément S_1, lui, sera toujours 1 en plus, ou 1 en moins. Que veut dire en plus ou en moins ? Cela veut dire que le 1 est toujours au-dehors de l'ensemble. Or, que le 1 soit en plus ou en moins dépend de l'angle selon lequel nous envisageons l'ensemble. Si nous l'envisageons en observant sa trame intérieure, nous dirons qu'il y manque un élément : le 1 est alors en moins. Si au contraire nous l'envisageons comme vu du ciel, c'est-à-dire selon son extension et ses bords, nous dirons que le 1 manquant à l'intérieur de la trame se situe maintenant comme une bordure qui entoure et délimite l'ensemble : le 1 est alors en plus, comme une lisière qui borde le réseau ou comme un trait d'écriture (figure 3).

« Cette extériorité du symbolique par rapport à l'homme est la notion même de l'inconscient »
J. L.

Précisément le concept d'existence traduit avant tout le fait que l'élément S_1 est la limite extérieure de la structure. L'*ex*-sistence relève toujours de l'ordre de l'*Un* et de l'ordre de l'*ex*tériorité [9]. L'*Un* « ex-siste » et fait ainsi exister l'ensemble, c'est-à-dire qu'il donne à l'ensemble la contention nécessaire pour qu'il reste une chaîne cohérente et structurée. L'*Un* ex-siste pour que l'ensemble consiste. Cette façon d'écrire « ex-siste » revient à Heidegger, mais Lacan la reprend pour donner un statut singulier à la notion d'existence. Le mot « ex-sistence » signifie donc premièrement que c'est un élément unique et extérieur, deuxièmement que cet élément est le tenant-lieu de l'ensemble, et troisièmement que l'ensemble s'organise comme une trame liée, à laquelle manque un fil (trou), celui devenu maintenant le bord. C'est à une telle logique que le psychanalyste doit s'exercer. Il faut que quelque chose soit en dehors pour que le reste tienne.

Ce schéma logique peut s'appliquer à diverses configurations, comme par exemple au mythe du Père de la horde primitive, exposé par Freud dans son livre *Totem et Tabou*. Les fils de la horde doivent tuer le père primitif et solennellement le dévorer pour « consister » comme clan. Il faut mettre l'*Un* au-dehors pour rester ensemble sous son égide. Or, celui qu'on exclut, c'est précisément le père. La figure du père est un des prototypes les plus remarquables de l'exclusion. C'est bien pour cette raison que la fonction paternelle, la place paternelle de l'exclusion, est d'habitude si difficile à assumer par un père.

*

Dans la logique de l'inconscient, nous avons donc deux termes, l'ex-sistence de l'*Un* et la consistance des autres. Or, à ce couple élémentaire, il faut ajouter un complément, à savoir le trou. La configuration structurale de l'inconscient renvoie donc à une triade, celle du *trou*, de l'*existence* et de la *consistance*. Concernant le trou, on peut le définir comme étant le poste que l'*Un* — devenu à présent bord extérieur — n'occupe plus. Le trou est le manque laissé par l'*Un* « parti » prendre place à la limite du réseau (figure 3). Rappelons-nous ici que le trou permet la mouvance et le déplacement des unités du réseau. Autant l'*Un* assure la consistance de l'ensemble, autant le trou assure sa dynamique. Pour compléter vraiment ce schéma logique, je devrais ajouter encore un quatrième terme — peut-être le plus important de tous —, à savoir, le *sujet de l'inconscient,* terme sur lequel je m'étendrai longuement à la suite de ces leçons (p. 223). Disons provisoirement que le sujet de l'inconscient est l'effet qui se produit quand toute la structure est en mouvement.

*

* *

Synthèse de vues sur l'inconscient

Vous voyez à présent la diversité des cadres conceptuels que nous avons utilisés pour tenter de cerner une même difficulté, celle de penser l'inconscient comme étant à la fois l'*Un* et l'ensemble des signifiants moins ce *Un*, l'ensemble troué par le manque de l'*Un.* Nous avons successivement utilisé différents couples conceptuels : la métaphore et la métonymie, l'*Un* et la chaîne, la limite et la chaîne infinie, le dit et les dires, le retour du refoulé et les représentations refoulées, la paire signifiante S_1/S_2, et enfin l'acte et l'inconscient. Remarquons que le deuxième partenaire de chacun de ces couples — la métonymie ; la chaîne ; la chaîne infinie ; les dires ; les représentations refou-

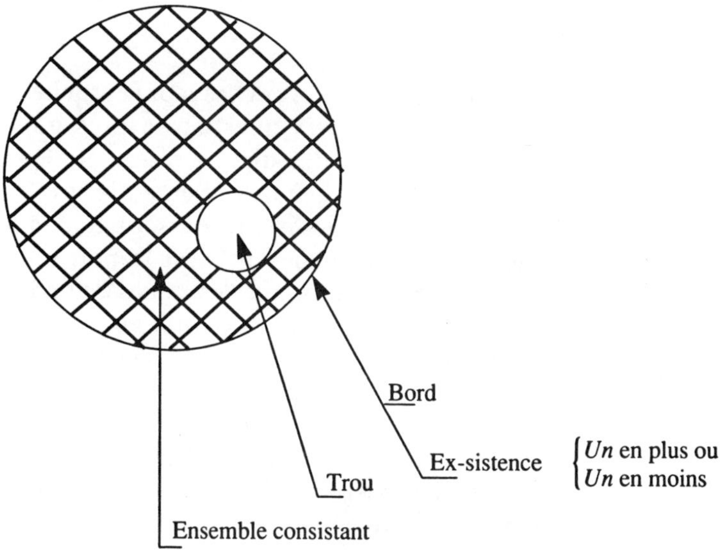

Figure 3

Matrice de la structure :
l'ensemble, le trou et l'*Un*

lées ; le S_2 ; et l'inconscient comme structure — doit être imaginé comme un réseau comportant un trou. Ce trou étant la place vacante laissée par le signifiant qui est allé occuper provisoirement la place de l'*Un*.

Où sont mes rêves passés et à venir ?

Or, toutes ces approches conceptuelles pourraient se réduire à la question la plus innocente. Si le dit annonce des dires à venir et répète des dires passés, il y a lieu de se demander : « Mais où sont mes rêves de jadis ? Et où sont ceux à venir ? Où se loge mon passé ? » C'est là non seulement notre interrogation, mais c'est aussi celle de philosophes tel Heidegger par exemple. Pour nous, s'interroger sur le passé est notre façon d'interroger l'inconscient : Où est l'inconscient ? Mais Lacan ne se demande nullement *où est* l'inconscient mais plutôt *comment* il est organisé. Dans une première période, il proposa : « L'inconscient est structuré comme un langage », mais cela ne suffit pas. Il continua en se disant : L'inconscient doit nécessairement obéir à une logique. Et si on l'avait alors questionné : Mais quelle logique ?, il aurait répondu : Une logique des signifiants. Et obstinés nous aurions pu encore insister : Mais où sont-ils ces signifiants ? Peu importe ! aurait-il répliqué. Les scientifiques aussi travaillent de la sorte : sans exiger un sens exact des choses, ils avancent. Quand surgit un problème insoluble, ils le déplacent et ils le nomment en poursuivant leur recherche. Je crois que la démarche lacanienne suit la même orientation. Lacan ne s'interroge pas à la manière du métaphysicien sur la nature du passé, du futur ou du temps en général, il procède comme on procède souvent en sciences. Il substitue à la question du « où » celle du « comment », et en se demandant comment, il nomme et il formalise. Un problème apparaît, il se révèle insoluble, on le baptise alors avec une lettre et on lui donne un nom. Et avec ce nom, le travail continue jusqu'à ce que progressivement l'opacité s'estompe. Henri Poincaré rappelait toujours que le pas le plus difficile sur le chemin de la recherche est de baptiser les impasses avec un nom juste, au moment opportun.

Lacan précisément, plutôt que de reprendre les termes freudiens de refoulé et de retour du refoulé, préfère nommer et surtout *écrire*. Il formalise, il met des lettres, des chiffres et des noms. Un nom implique toujours une écriture. Mais qu'est-ce qu'il écrit ? Le *dit*, il le note S_1 parce qu'il est 1 et toujours 1 ; et S, parce qu'il est un signifiant. Tandis que l'ensemble des *dires*, des éléments enchaînés et refoulés, il les note S_2. Écrire et formaliser ainsi nos concepts, équivaut à affirmer : « Eh bien, recommençons, en oubliant maintenant le sens des mots. » Avec les deux notations, S_1 et S_2, nous opérons au sein d'une logique. Nous oublions la signification de chaque terme, mais nous n'oublions pas que S_1 appartient à la dimension de l'*Un* et que S_2 appartient à la dimension de l'ensemble. Nous esquissons ainsi une logique rigoureuse du rapport entre l'*Un* et l'ensemble. L'*Un* est en rapport d'exclusion avec l'ensemble.

« L'étonnement qui pense, parle en questions »
M. Heidegger

Au début nous sommes innocents, étonnés et nous nous posons les questions les plus simples — celle du lieu de l'inconscient, celle du « où » —

puis nous opérons avec les noms formels comme ceux de S_1 et S_2, jusqu'à ce que nous nous retournions pour nous demander à nouveau : mais quel est le rapport de tous ces noms conceptuels avec les questions simples que je me posais ? Le travail mental de l'analyste est celui-là : passer des questions les plus simples aux concepts les plus formels — signifiants, sujet, objet *a*, etc. — pour ensuite y retourner.

*

* *

Quelle est l'influence de la logique qui a permis de formaliser le champ de l'inconscient ?

J'ai bien précisé que nous n'étions ni des logiciens ni des linguistes, mais qu'il faut cependant étudier les textes fondamentaux des logiciens, en tirer toutes les propositions qui peuvent éclairer notre champ sans jamais renoncer à la priorité indiscutable qu'est l'enseignement de la clinique. Certainement, le discours analytique est différent du discours scientifique, mais la psychanalyse doit rester toujours attentive à ce que d'autres disciplines lui apprennent pour penser l'expérience avec nos patients. Par exemple, il est fréquent de constater le fait clinique suivant : le sujet, en train de parler, avance un mot surprenant et tout à coup s'arrête et s'exclame : « Je n'y avais jamais pensé ! » Cet étonnement qui, comme nous l'avons vu, signe la qualité signifiante d'une parole, entraîne immédiatement chez le patient une interrogation sur la manière dont ce mot a pu surgir en lui : « Comment se fait-il que ce mot advienne en moi et m'interroge ? » A partir de ce fait clinique majeur d'un sujet qui dit plus qu'il ne sait et qu'il ne veut, la psychanalyse établit la théorie de la paire signifiante S_1/S_2 qui montre, nous l'avons développé, comment un signifiant met en acte l'inconscient.

Or, précisément, vous me demandez ce que peut nous apprendre la logique sur le rapport dynamique entre un signifiant et la chaîne des signifiants inconscients ? Une réponse possible à votre question serait de rappeler brièvement trois influences que la théorie lacanienne a reçues du domaine de la logique. Je pense à l'axiomatique de Peano, à la logique de Frege et à la théorie des ensembles, en particulier aux propositions de Cantor. Ce sont trois conceptions logiques qui nous permettent d'aborder autrement le problème du signifiant et auxquelles je me suis consacré dans d'autres ouvrages. L'axiomatique de Peano considère dans le cadre de la série des nombres, le problème de la place du zéro et du successeur[10]. Cantor, lui, nous éclaire sur le caractère à la fois infini et limité de l'ensemble selon les deux principes qu'il propose : le principe d'engendrement et celui de passage à la limite. Et enfin Frege * surtout, en établissant la distinction entre le concept et l'objet, a permis

* Concernant l'apport de Frege, le lecteur peut se reporter au chapitre 6, à la fin de ce livre.

à Lacan de mieux formaliser les statuts du sujet et du signifiant. Je n'affirme pas que nous appliquons scrupuleusement ces principes au domaine de l'analyse. Je dirais plutôt que nous nous en servons. Et c'est justement un reproche qu'on a adressé maintes fois à Lacan, celui de se servir de concepts empruntés à des disciplines connexes en les modifiant suivant les exigences propres au champ psychanalytique. Il se révélait inévitable que pour faire travailler un concept importé dans le champ analytique on doive le remanier au prix de le priver de sa spécificité d'origine. Je pense par exemple à l'usage absolument personnel que Lacan fit des quanteurs logiques pour rendre compte du rapport spécifique de l'homme et de la femme vis-à-vis de la fonction phallique (formules de la sexuation). Fondamentalement, il y a deux quanteurs logiques : l'un s'appelle « existence », l'autre s'appelle « universel ». L'un s'écrit sous la forme d'un E retourné ($\exists$), l'autre sous la forme d'un A retourné ($\forall$). Cela dit, en logique il n'y a pas de symbole pour nier le quanteur. Et pourtant, Lacan inventa une barre sur chacun des deux signes pour indiquer la négation des quanteurs ($\overline{\exists}$), ($\overline{\forall}$). Vous le voyez, c'est toute une manière de concevoir la circulation des concepts d'une discipline à une autre. Prenons encore le cas de l'élaboration lacanienne destinée à montrer — grâce au nœud borroméen — l'articulation étroite entre le réel, le symbolique et l'imaginaire. Il semblerait que Lacan, dans ce cas, ait non seulement importé et retravaillé un concept provenant d'un domaine étranger à la psychanalyse comme peut l'être la théorie des nœuds, mais enrichi en retour ce chapitre relativement récent de la topologie.

Lacan lecteur de Saussure

Parmi les nombreux exemples de concepts importés, le plus connu est celui de signifiant, emprunté à Saussure, mais dont l'acception psychanalytique est radicalement différente de l'acception linguistique. Il y a plusieurs années un linguiste fit le reproche à Lacan de se servir indûment du terme de « signifiant » et d'avoir sans doute lu l'œuvre de Saussure superficiellement, en diagonale. Je pourrais bien imaginer une réponse fictive de Lacan : En diagonale ? aurait-il répliqué. Il faudrait se mettre d'accord sur ce que signifie pour vous lire en diagonale. Si lire en diagonale signifie lire superficiellement, je récuse tout simplement votre objection. Si au contraire cela signifie que j'applique le système de la diagonale pour établir le rapport entre l'ensemble et l'ordre, c'est-à-dire le même système qui a permis justement à Cantor de découvrir le nombre transfini, alors oui, j'ai dû lire Saussure en diagonale, pour pouvoir fonder le concept psychanalytique de signifiant.

Et cette réplique eût été juste, car précisément Cantor utilisa la méthode dite du comptage en diagonale pour montrer que l'union de plusieurs ensembles dénombrables était elle-même dénombrable. Il introduisit l'écriture $\aleph_0$, aleph zéro (aleph, la première lettre de l'alphabet hébraïque, suivie de l'indice o) comme notation du cardinal des ensembles dénombrables ou encore, comme le plus petit cardinal transfini. C'est ainsi que cette « lecture en diagonale » conduisit Georg Cantor à produire un nouvel élément. Et, connaissant Cantor, Lacan aurait ajouté — toujours dans ma fiction : Si votre remarque signifie que ma lecture en diagonale de Saussure suivant la méthode de comptage en diagonale de Cantor m'a conduit à trouver un élément nouveau, alors votre remarque est juste, car le concept de signifiant que j'ai forgé n'est pas dans Saussure, il constitue une production entièrement nouvelle.

Vous avez compris que du point de vue épistémologique il existe un immense champ à étudier, celui du rapport entre la circulation des concepts d'une discipline à l'autre, et l'étonnante fécondité des nouvelles productions qui en résultent.

*

*   *

Le sujet suit la filière du symbolique... :
ce n'est pas seulement le sujet, *mais*
les sujets, *pris dans leur intersubjectivité,*
qui prennent la file (...) Le déplacement du
signifiant détermine les sujets dans
leurs actes, dans leur destin, dans leurs refus, dans
leurs aveuglements, dans leurs
succès et dans leur sort, nonobstant
leurs dons innés et leur acquis social,
sans égard pour le caractère ou le sexe,
et que bon gré mal gré
suivra le train du signifiant...

J. Lacan

Le signifiant ne s'adresse à personne

Cela étant, je voudrais revenir sur la logique de la paire signifiante et en tirer une première conséquence très importante pour le travail avec nos analysants. Si nous acceptons le postulat qu'un signifiant reste toujours articulé à une chaîne de signifiants, quelle en serait l'incidence dans notre pratique ? Eh bien, c'est qu'un signifiant n'est jamais destiné à une personne mais « destiné » à d'autres signifiants avec lesquels il s'associe et mène sa vie propre de signifiant. En effet, le signifiant s'articule avec un second signifiant bien au-delà du fait que je l'émette ou que j'en reçoive l'impact.

Je voudrais illustrer avec un exemple la formule lacanienne qu'un *signifiant n'est signifiant que pour un autre signifiant.* Prenons à nouveau le cas d'un symptôme ; considérons-le sous sa face signifiante en le démarquant de sa face signe. Je pense à ce patient qui vient me consulter parce qu'il ne peut s'empêcher de rougir à la vue d'une femme jeune et agréable. A ce moment il sent la chaleur lui monter au visage, il rougit et se voit alors contraint de fuir et se cacher. C'est ce qui s'appelle une érythrophobie. Notre patient raconte qu'il s'assied dans un café, et quand il remarque soudain la présence d'une jolie femme trois tables plus loin, il se sent rougir et s'angoisse à l'idée d'être exposé aux regards de tous. L'érythrophobie est bien entendu, d'un point de vue psychopathologique, le symptôme d'une structure phobique. Mais de notre point de vue psychanalytique, en quoi l'érythrophobie est-elle un symptôme ? Qu'est-ce qui intéresse ici l'analyste ? Premièrement, la manière dont le patient relate ce qui lui arrive, les mots qu'il emploie ou les métaphores qu'il invente. Ensuite, les éventuels lapsus, erreurs ou méprises qui surgiront dans le récit de son malaise. Et enfin, en ce qui nous concerne en tant que praticiens — rappelez-vous une des caractéristiques que nous avons dégagée en définissant le symptôme : le fait que l'analyste en fasse partie —, il nous importe tout particulièrement de reconnaître en nous-mêmes les effets d'un tel symptôme. En vous parlant du cas de ce patient, je viens à l'instant

Le signifiant bondit de sujet en sujet

d'esquisser spontanément, sans m'en apercevoir, le geste de toucher mes joues avec les mains. Peut-être ce geste est-il simplement démonstratif de mon explication mais il se pourrait aussi qu'il soit directement lié au symptôme d'érythrophobie dont se plaint le patient. Même un tel geste spontané réalisé ici devant vous, peut prendre la valeur d'un signifiant lié aux signifiants de l'inconscient de mon patient. Que veut dire que ce geste aurait une valeur signifiante ? Cela veut dire qu'en dehors de moi, au-delà de moi et au-delà du patient lui-même, le geste de mes mains et la rougeur angoissante de son visage sont associés dans un lien hors nos personnes. En d'autres termes, j'ignore, et mon patient ignore également, comment son désir inconscient se répète à travers le mien.

Cette position d'analyste que j'adopte devant vous, non seulement en m'impliquant dans le symptôme de mon patient, mais surtout en reconnaissant la valeur signifiante de ce symptôme, eh bien cette position est complètement à l'opposé de la figure de ce praticien qui, prenant le rougissement comme signe, se dirait : « Mais bien sûr, il devient rouge comme un pénis ! » Ou qui encore, en voyant le dessin d'un enfant représentant le mât d'un bateau, se dirait : « Ça, c'est le phallus. » Imaginons maintenant une autre interprétation plus fine de l'érythrophobie. « Ce symptôme », penserait un autre praticien, « représente en réalité la position féminine du patient à l'égard de son père. » Cet analyste saurait et pourrait expliquer comment il en est arrivé à cette conclusion qui est déjà beaucoup plus rigoureuse et juste que la précédente interprétation caricaturale. Or même ainsi, avec une interprétation aussi élaborée, l'analyste a toutefois pris le symptôme comme signe et non comme signifiant. Pourquoi ? Parce qu'il a interprété le symptôme en lui donnant un sens. Mais alors, me direz-vous, quelle attitude devons-nous adopter quand nous sommes devant le symptôme en tant que signifiant ? La seule réaction qui attesterait l'impact signifiant du symptôme serait la surprise. Le psychanalyste touché par le signifiant reste sans mot dire, voire sans pensée, silencieux et interloqué. Si vous voulez savoir quand vous avez pris le symptôme comme signifiant plutôt que comme signe, il n'y a qu'un seul indice : l'étonnement qui vous a saisi.

« Le déplacement du signifiant détermine les sujets... »
J.L.

J'insiste, un signifiant est ce qui résiste à tout sens ; le signifiant n'est aucunement destiné à recevoir un sens, même celui produit par la plus ajustée des interprétations. Le signifiant passe à travers les sujets, et va au-delà du sens que l'analyste ou l'analysant peuvent lui conférer.

Mais je vous entends aussitôt m'interroger : « Si le symptôme-signifiant résiste à tout sens y compris celui de la plus juste des interprétations, et perdure ainsi hors de toute atteinte, comment pourrait-on espérer le moindre soulagement chez notre patient ? » Je répondrai en vous disant que la manière de traiter un symptôme-signifiant est de le remplacer par un autre signifiant, et que la meilleure interprétation qu'un analyste puisse avancer n'opère nullement par le sens qu'elle révèle, mais par la place de signifiant qu'elle occupe. De même que la surprise chez l'analyste est l'indice incontestable de l'impact en lui de la portée signifiante d'un symptôme, la surprise chez le patient est également l'indice incontestable de l'impact signifiant d'une interprétation.

L'interprétation est un signifiant qui s'insère dans la chaîne inconsciente

Le caractère insaisissable du signifiant soulève encore le problème de l'écoute du psychanalyste. Voici l'objection caricaturale de quelqu'un qui prendrait trop à la lettre le pouvoir du signifiant : « D'accord, me dirait-il, si le signifiant se répète tout seul, s'il est lié à la chaîne, s'il résiste à tout sens révélé, s'il va plus loin que la connaissance ou que la pensée, l'analyste n'aurait plus qu'à dormir dans son fauteuil, puisque de toute façon le signifiant fraye seul son chemin. » En effet, d'après notre conception du signifiant, cela pourrait être une objection possible sur la fonction de l'analyste. Je répondrai que d'un strict point de vue, la fonction analytique consiste à soutenir et assurer la mobilité de la répétition. Finalement un analyste a pour fonction de favoriser le renouvellement du signifiant installé à la place de l'*Un*. Car même si l'inconscient est automatiquement actif, même si l'automatisme de répétition reste inexorable, il peut rencontrer l'obstacle de voir tel signifiant se figer à la place de l'*Un* — c'est le cas d'un symptôme tenace — ou bien encore de voir la jouissance envahir le lieu de l'*Un* et créer la stagnation du système signifiant— c'est le cas d'une maladie psychosomatique *. Autrement dit, l'analyste

* Un exemple clinique de cette emprise de la jouissance sur le signifiant S_1 est développé dans la cinquième leçon, pp. 207-208.

maintient vive la fluidité de la répétition signifiante, vif le désir. Et précisément, la question demeure de savoir quels sont les gestes, les interventions, les répliques et les réponses que l'analyste doit accomplir en chaque circonstance, pour assumer sa fonction d'accompagner, préserver et entretenir le désir dans la cure.

*

* *

Voilà les conséquences cliniques que je souhaitais tirer de la théorie lacanienne du signifiant. On peut rappeler la définition abstraite du signifiant : « Un signifiant est ce qui représente le sujet pour d'autres signifiants » ; on peut encore l'approfondir et la retravailler, mais il ne faut jamais perdre de vue son incidence clinique. Dès que vous interprétez un signifiant, c'est-à-dire aussitôt que vous lui donnez un sens, il cesse d'être signifiant pour devenir signe. Mais en toute rigueur, je dois corriger cette dernière formule. Je ne veux pas dire que le signifiant cesse intrinsèquement d'être un signifiant parce qu'il est interprété. Non. Le signifiant demeure inéluctablement signifiant, mais à partir du moment où vous l'interprétez, vous le transformez en signe *pour vous*. Car dès le moment où un signifiant est signifiant *pour quelqu'un*, il n'est plus signifiant, mais signe.

Mais intrinsèquement il continue à être un signifiant ?

Absolument. C'est bien pour cette raison que nous pouvons affirmer que le symptôme a deux faces : autant une face signifiante hors de nous qu'une face signe avec nous. Mais ne nous méprenons pas. Quoique radicalement hétérogènes, ces deux faces n'existent pas l'une sans l'autre, je veux surtout dire que le signifiant ne surgit que sur fond de sens. Le signifiant ne peut mener sa vie propre hors de nous, que si et seulement si nous le tenons pour un signe qui nous parle. Certes, je privilégie la valeur signifiante du symptôme chez l'analysant et de l'interprétation chez l'analyste, mais cette valeur ne se révèle que si nous favorisons activement, dans l'analyse, la production du sens. Le symptôme est toujours interprétable. On peut toujours lui donner un sens, et le premier à lui donner un sens, c'est le patient lui-même lorsqu'il souffre. Et s'il arrive que le patient ne produise pas de sens, ne cherche pas la cause de sa souffrance, il est alors opportun — nous avions insisté sur ce point lors de la première leçon — de l'interroger, et de lui demander : « Quelle idée vous faites-vous de ce qui vous arrive ? » « Quelle serait d'après vous la cause de vos maux ? » Je pose ces questions, non seulement dans le cadre des entretiens préliminaires, mais surtout à ces moments de la cure où le patient semble installé dans la monotonie du rituel, comme s'il n'y avait plus de désir à l'endroit de l'analyse. Le patient vient et parle, mais il est absent de sa parole ; et l'analyste, conjointement, absent de son écoute. C'est à ce genre de situation que je pense quand j'affirme la nécessité d'inciter l'analysant à

Le signifiant n'agit...

... qu'immergé dans un bain de sens

prendre son symptôme comme un signe, produire un sens et construire la théorie de ce pour quoi il souffre. Remarquons encore que c'est dans la mesure où il parle et s'explique, que l'amour de transfert s'engage et se développe. L'amour dans l'analyse est une des figures majeures du sens qui se nourrit de signes. Plus on parle en cherchant du sens et plus on aime celui à qui l'on parle. En bref, pour qu'un symptôme ait le poids incisif d'un signifiant, il convient que le praticien entretienne et favorise le sens suscité par ce même symptôme considéré en tant que signe. Le signifiant n'agit qu'immergé dans un bain de sens.

*

* *

A présent, j'aimerais revenir sur le signifiant non plus par rapport au sens, mais dans sa connexion avec d'autres signifiants. Quand nous affirmons que le signifiant mène sa vie de façon autonome, qu'il nous traverse à notre insu, ou encore qu'il s'articule avec d'autres signifiants, nous voulons faire entendre le fait de la répétition. Ainsi, dans la flèche qui indique que S_1 est signifiant pour d'autres signifiants S_2, ($S_1 \rightarrow S_2$), nous avons le représentant graphique du phénomène de la répétition. Vous avez compris, je pense, avec l'exemple de mon « lapsus » gestuel survenu en vous parlant du patient érythrophobe, que le processus de la répétition ne se circonscrit pas en une seule personne, mais se déroule dans l'espace du lien d'une personne à une autre, comme si le signifiant bondissait de sujet en sujet. Dans la mesure où mon patient phobique maintient un lien transférentiel avec l'analyste que je suis, il se peut que la répétition de son symptôme s'inscrive en moi-même et se manifeste sous la forme d'un geste spontané comme celui de tout à l'heure. La chaîne métonymique de signifiants inconscients nous est commune, tandis que la place de l'*Un* du signifiant métaphorique a changé de support : avant c'était lui, tout à l'heure, ce fut moi.

L'inconscient est hors le temps, l'espace et la personne

Si nous comprenons comment fonctionne l'inconscient, nous admettrons que la répétition n'est pas une répétition circonscrite à l'unité imaginaire dite individu. Grâce à cette conception logique d'un inconscient étendu entre deux sujets, nous avons rompu avec trois préjugés intuitifs : celui du temps chronologique, celui de l'espace euclidien, et celui de l'unité individu. Si nous travaillons la notion d'inconscient, si nous la pensons et la reprenons sans cesse et si, avec elle, nous éclairons notre pratique, nous verrons progressivement s'estomper en nous ces préjugés que sont le temps chronologique, l'espace euclidien et l'unité moïque de la personne. Nous ne parlerons plus en termes de personne, ni en termes de temps passé, futur ou présent, ni non plus en termes d'espace-réservoir pour désigner le lieu de l'inconscient. Nous devons nous exercer à penser autrement. A mesure que nous mûrissons comme praticiens et affinons notre écoute, nous sommes confrontés à cet effort de penser l'inconscient hors le temps, l'espace et la personne.

Lacan n'est pas le seul auteur à s'être battu pour rompre ces préjugés chez le psychanalyste. Je pense en particulier à Bion qui, différemment de Lacan, a soulevé le problème du temps et de l'espace en psychanalyse. Deux interrogations traversent l'œuvre de cet analyste anglo-saxon : quel est le temps de surgissement d'une interprétation chez le praticien et dans quel temps, dans quel espace, un dire interprétatif produit-il des effets chez l'analysant ? Bion se demande même s'il ne faudrait pas imaginer l'espace de l'analyse comme un « espace galactique ». J'aurais aimé qu'il approfondisse ces questions, mais je pense que le simple fait qu'elles aient été formulées a déjà toute sa valeur. Comme vous le voyez, ces interrogations bouleversant les notions intuitives d'espace et de temps dans l'analyse ne se dégagent pas exclusivement de la démarche lacanienne. Je crois qu'elles sont inhérentes à l'engagement d'un analyste dans son travail. Je voulais vous faire sentir combien ces problématiques ne sont pas arbitraires, spéculatives ou abstraites. Elles surgissent quand on interroge par exemple le rapport entre le travail clinique avec nos patients et l'enseignement. Quel est, en effet, le lien entre le fait d'être avec vous en train d'enseigner et ce patient qui m'a parlé d'érythrophobie ? Quelle relation établir entre le fait que je relate aujourd'hui précisément ce cas clinique et l'expérience transférentielle avec cet analysant ? Dans l'espace géographique, il y a en ce moment un océan qui nous sépare, lui en France, moi ici en Colombie, et pourtant du point de vue psychique nous sommes en acte intimement reliés. Dans le temps chronologique, il existe aussi l'écart de quelques années — car il y a déjà deux ans que le patient m'a parlé de son symptôme — et pourtant, évoquer aujourd'hui son cas et mimer comme j'ai pu le faire son geste des mains sur le visage, cela survient avec une telle force de présence qu'elle dépasse et bouleverse le temps de l'horloge. Où est le dedans, où est le dehors d'une cure ? Où est le présent, où est le passé dans une analyse ?

*

*   *

Quels sont les signes qui indiquent qu'un symptôme comme l'érythrophobie se répète chez l'analyste ?

Je crois vous avoir répondu : c'est en parlant d'un patient ou, par exemple, en m'identifiant à lui comme je viens de le faire, qu'un de ses symptômes se répète en moi. Quand on travaille comme analyste depuis plusieurs années, on finit par s'apercevoir de ceci : quelqu'un est là, devant vous, allongé, il parle et se plaint. Nous l'écoutons tant bien que mal et nous essayons de diriger une lumière sur le chemin qu'il emprunte. Mais à des moments plus intenses de la cure, l'analyste découvre étonné que des signifiants de la vie du patient se répètent en lui-même. La vie de l'analyste est criblée par les retours des symptômes de ses patients. Vous voyez combien votre question est pertinente. Il existe différentes modalités de la répétition des symptômes chez l'analyste, comme par exemple ce geste ici, devant vous, que peut-être Freud aurait assimilé à une identification avec le patient.

Nous l'avons dit, le symptôme est un acte dont on ignore la portée ; mais une fois repéré, peut-on prévoir le prochain lieu de sa réapparition ? Peut-on suivre le fil de ce signifiant qui apparaît chez l'un, disparaît et réapparaît chez l'autre ? Jamais. Jamais on ne pourra véritablement suivre le fil d'un signifiant. Si on le suivait, le signifiant resterait certes autonome dans sa propre mouvance, mais à nos yeux, il se convertirait aussitôt en signe. Et ceci n'est pas une pirouette verbale. C'est comme si je vous disais : « Interprétons, pensons, donnons un sens aux choses, mais sachons que par-dessus et en dehors du sens que nous leur donnons, les choses continuent toutes seules. » C'est pour cette raison, je crois, que la répétition chez l'analyste d'un symptôme du patient, peut s'actualiser dans le fait d'enseigner, de tenir un séminaire comme celui-ci, ou même d'esquisser un geste de la main, ou encore, dans le cadre de la cure, dans le fait de formuler une interprétation opportune.

Si je pense que le travail avec mes patients est à l'origine par exemple de mon activité d'enseignement, une question surgit aussitôt : dans le fait d'enseigner, est-on dans le champ interne ou externe de l'analyse ? Quelle est la frontière qui sépare l'extérieur de l'intérieur ? Quand peut-on dire qu'il n'y a plus de frontière ? Le psychanalyste ne doit pas croire que l'univers de ses analysants se cantonne dans les limites des murs de son cabinet, ni que lorsqu'il quitte son cabinet, il laisse derrière lui le lieu des symptômes. Nullement. Mais alors, faut-il conclure que n'ayant plus de barrières l'analyste ne vit plus que dans le monde unique de la psychanalyse ? Il est vrai que dans l'univers des signifiants, il n'y a pas de frontières et que l'analyste, comme tout sujet, en est traversé. Il existe cependant une sorte de tamis bien singulier qui régule les incidences du signifiant. Je pense au partenaire dans la vie du praticien. Le conjoint est en effet un personnage décisif qui fait office de murs psychiques, de parois perméables et régulatrices servant de digue face à la répétition chez le praticien des symptômes du patient. Le partenaire de l'analyste agit ainsi à la manière d'un barrage qui permet d'atténuer les excès de tensions dus à l'écoute.

*

« Il n'y a pas de métalangage qui puisse être parlé. »
J.L.

Vous voyez bien que si nous acceptons l'idée de l'inconscient comme répétition signifiante, nous concevrons alors la fonction du psychanalyste et ses incidences dans sa vie, d'une manière tout à fait nouvelle. C'est pour cette raison qu'on peut soutenir avec Lacan la thèse qu'il n'y a pas de métalangage. Que veut dire cette formule ? Qu'il n'y a pas de métalangage signifie qu'il n'y a pas un langage-méta et un langage-objet. En effet, à partir du moment où un langage veut s'extérioriser et parler d'un langage-objet, il échoue. Il n'arrive jamais à se fermer complètement. Le métalangage ne saurait échapper à la faille qui ouvre tout langage sur l'extérieur ; et c'est pourquoi il échoue à envelopper et contenir un supposé langage-objet.

Pourquoi ce commentaire sur le métalangage ? Justement pour rendre compte de ceci : on ne peut parler de l'inconscient sans se reconnaître affecté par l'inconscient lui-même. Que voulons-nous dire ? Que nous ne saurions parler de l'inconscient comme si nous étions hors de son atteinte. Que si nous acceptons le caractère actif de l'inconscient, sa capacité à produire constamment des effets, nous admettrons aussi qu'il a le pouvoir d'affecter toute parole et en premier lieu, la nôtre qui parle de l'inconscient. Concrètement, si un analyste prétendait parler de l'inconscient de manière dégagée, sans aucune implication personnelle, soyons-en sûrs, il ne parlerait pas de l'inconscient. « Il n'y a pas de métalangage » signifie qu'il n'y a pas de langage prétendument extérieur et fermé qui se réfère à l'inconscient, sans que l'inconscient le brise. Tout langage est un langage exposé à l'émergence des effets de l'inconscient. Il n'y a pas de parole qui ne soit affectée par l'inconscient. Je fais référence à la parole pleine, à la parole qui pèse. « Il n'y a pas de métalangage » signifie : il n'y a pas moyen de parler de l'inconscient avec des mots qui aient du poids, sans que cette parole soit elle-même affectée par l'inconscient.

Soulignons que la thèse du métalangage est une avancée de la logique ; ce sont en effet les logiciens qui ont inventé la différence entre un langage-objet et un métalangage. Mais tandis que le logicien se consacre à la construction formelle de la proposition, le psychanalyste se demande : en quoi la même proposition est-elle affectée par l'inconscient ? Là où le logicien ferait un travail de formalisation logique entre propositions, l'analyste, lui, se demande : quel est le sujet qui parle derrière ces propositions ?

*

La différence entre la psychanalyse et la science, c'est que la psychanalyse tient le sujet pour matière de son travail, tandis que la science par principe exclut le sujet, le forclôt. Le discours de la science rejette le sujet, c'est-à-dire qu'elle ne se questionne pas sur le désir du scientifique et ignore les effets provoqués sur le chercheur par l'objet de sa recherche. Au-delà du fait que des chercheurs travaillent une formule, l'intérêt de la science est avant tout de suivre rigoureusement la manière dont la formule poursuit son développement et devient féconde. Voilà le caractère signifiant d'une formule qui se développe indépendamment de ceux qui l'ont créée. D'un point de vue strictement formel, peu importe qui a fait progresser le calcul. Comme vous le voyez, le calcul serait un très bon exemple de signifiant, mais attention, de signifiant sans sujet. Pourquoi sans sujet ? Parce que le calcul n'est pas un signifiant au sens analytique du terme, c'est-à-dire qu'il n'est pas un acte incompris par celui qui le pose. Ce qui nous intéresse dans un calcul, c'est qu'il progresse en permettant la production et l'inclusion d'éléments nouveaux. La différence entre le signifiant comme calcul, et le signifiant dont nous parlons, c'est que derrière le signifiant comme formule scientifique, il n'y a pas de sujet. Par contre, derrière tous les signifiants auxquels nous sommes confrontés dans la cure, et malgré leur caractère de non-sens, la psychanalyse trouve un sujet. Pour nous, il n'y a pas de signifiant sans sujet, pour la science, au contraire, le signifiant exclut le sujet.

Pas de signifiant sans sujet

Quand vous parlez de sujet, de quel sujet s'agit-il ? Est-ce bien le sujet de l'inconscient selon Lacan ?

Oui. Tout à fait. Les psychanalystes, de leur point de vue, considèrent le discours scientifique comme un discours qui exclut et forclot le sujet. On peut dire alors que le « sujet forclos », c'est le sujet absent du discours de la science. Or vous me demandez de quel sujet il s'agit. S'agit-il de l'individu ? Non. Je vous ai déjà montré que l'unité moïque de l'individu a été subvertie par le concept d'inconscient. Alors, il faut penser à un autre statut d'« individu », différent de l'individu tel que nous le concevons habituellement comme une personne ayant un nom et un corps déterminés. Quel est cet autre statut d'« individu » qui n'est ni la personne ni le moi et dont j'affirme qu'il est au centre de notre travail d'analystes, et absent du discours de la science ? C'est le « sujet de l'inconscient » introduit par Lacan. Pour un développement plus large de ce concept nodal de la théorie lacanienne, je vous propose de vous reporter à ma conférence consacrée entièrement au problème du sujet (pp. 225-252).

*

Cela étant, j'aimerais conclure cette seconde leçon par une sorte de fiction logique d'inspiration lacanienne qui montre ce qu'est le sujet de l'inconscient sous un angle très particulier, celui de sa naissance formelle. Freud avait déjà imaginé la naissance du sujet sous la forme du mythe de l'incorporation du père primitif par ses fils (« identification primaire »). Plutôt qu'une conception mythique de cette naissance, Lacan avance une conception logique. Grâce à l'articulation logique entre les concepts de réel, de trou et de signifiant, Lacan essaiera de rendre compte du processus d'engendrement du sujet dit de l'inconscient.

La naissance du sujet

Là où Freud se demande comment le moi peut naître de l'incorporation du corps du père par ses fils, Lacan, lui, se demande comment le sujet peut naître d'un processus logique très particulier. C'est ainsi que nous pouvons nous interroger : comment s'engendre le sujet de l'inconscient ? C'est un problème difficile dont la réponse nécessite que nous ouvrions une autre question : comment un sujet peut-il naître de rien ? Comment faire pour que dans une planète absolument vide de tout être, quelque chose advienne ? Pour répondre nous devons utiliser le mot « privation ». Rappelons que ce terme a été employé pour la première fois en psychanalyse par Ernest Jones à propos de la sexualité féminine, en liaison avec les concepts de frustration et de castration. Il est intéressant de noter que Lacan emploie ce même terme de privation dans un sens radicalement nouveau. Il opère un saut qui consiste à se servir du concept de privation pour expliquer de façon logique la naissance d'un sujet. Comment donc, sur une planète vide de toute chose, germe un être ? Comment un être peut-il surgir de rien, du réel ? Eh bien, pour qu'un être surgisse du réel, il faut que dans le réel se creuse un trou, que dans le réel il y ait quelque chose en moins, ou, si vous préférez, que le réel soit *privé* d'une chose. Toute la force de la pensée lacanienne est là : pour concevoir le surgissement positif d'un sujet dans le réel, il faut d'abord penser le réel comme un tout d'où l'on prélève un élément.

Soyons plus clairs et avançons en deux temps :

Imaginez que le réel n'est pas une planète déserte mais au contraire trop pleine, infiniment pleine, si pleine de choses et d'êtres qu'elle est homogène à un vide. Le réel n'est pas le vide au sens de l'abîme creux, mais au sens de l'infiniment plein, du lieu où Tout est possible.

Si dans ce lieu où Tout est possible, il s'avère une — et une seule — impossibilité, un seul obstacle, un seul moins, alors il y aura là naissance d'un être positif. L'être positif, c'est-à-dire notre sujet de l'inconscient, n'apparaît que comme le corrélat d'un trou creusé dans l'infiniment plein.

Bref, pour Lacan, la naissance du sujet de l'inconscient ne peut se comprendre qu'à partir d'un trou creusé dans le réel par l'évidement d'un élément et un seul. En d'autres termes, le sujet ne survient comme *Un* que là où le réel — au sens de l'infiniment plein — est affecté d'un manque. Changeons encore une fois les termes et disons : si le réel est le lieu où Tout est possible, le sujet de l'inconscient naîtra précisément là où se dresse l'obstacle d'un impossible.

Restons-en là pour le moment et je vous propose de reprendre dans la prochaine leçon le concept majeur de la théorie de Jacques Lacan, celui de l'objet *a*.

*

*   *

Troisième leçon

Le concept d'Objet a

L'exil

La passion de guérir

Feindre l'oubli

La féminité du psychanalyste

L'objet a

Qu'est-ce qu'un trou ?

Les figures corporelles
de l'objet a

Besoin, demande et désir

Le sein, objet du désir

Dans la dernière leçon, vous avez situé le rôle du psychanalyste comme devant assurer la fluidité du mouvement répétitif des signifiants. Iriez-vous jusqu'à soutenir que la mobilité de la répétition est le but thérapeutique de l'analyse, que répéter est synonyme de guérir ?

L'exil, but d'une analyse

Aujourd'hui je voulais étudier avec vous le concept lacanien d'objet *a*, mais auparavant, je répondrai à votre question en rappelant que la fonction analytique consiste en effet à maintenir vive l'activité de l'inconscient. Or, il ne suffit pas au psychanalyste de se donner pour seul but l'extériorisation acte par acte des formations signifiantes, encore faut-il qu'il favorise l'extériorisation des instances les plus internes de l'analysant. Je m'explique. Je pense que l'analyse crée les conditions pour que le sujet devienne étranger à lui-même. Nous n'hésiterions pas à affirmer que la psychanalyse devrait tendre à créer une séparation radicale, une perte essentielle réorganisatrice de la réalité psychique du sujet, une perte que j'appellerai exil.

Plutôt que vouloir induire des transformations chez le patient et situer la finalité de l'analyse en termes de changement ou de guérison, la psychanalyse viserait à créer les conditions pour que le sujet rencontre comme venant du dehors, étranger à lui-même, la chose la plus intime de son être. Cette rencontre avec l'étranger qui est en chacun de nous, l'instance la plus impersonnelle de notre être, cette rencontre, j'aimerais la condenser en une formule inspirée du plus célèbre des aphorismes freudiens : « Là où était le Ça — écrivait Freud — le moi doit advenir. » Si maintenant nous traduisions le terme « moi » par celui de « sujet », et le terme « Ça » par l'expression « la chose la plus intime et cependant la plus étrangère de notre être », nous arriverions à la maxime suivante : « Le but de la psychanalyse est d'amener le sujet à rencontrer le Ça étranger et impersonnel, non pas à l'intérieur de nous-mêmes grâce à l'introspection, mais à l'extérieur, fût-ce au prix d'une perception hallucinée. » Étant psychanalystes, que devrions-nous attendre de notre action ? Que notre patient évolue, ou plutôt qu'il traverse l'expérience exceptionnelle de s'exiler de soi, de se percevoir, ne serait-ce qu'une fois, comme étant autre que lui-même ? Si je devais fixer l'orientation thérapeutique de la psychanalyse, je prendrais cette référence à l'exil. S'exiler de soi-même constitue, à mes yeux, une forme de guérison, comme si la rencontre avec l'étranger provoquait de surcroît un effet curatif, un soulagement des symptômes.

Rencontrer l'étranger en soi

*

A propos des visées thérapeutiques de l'analyse, je voudrais rappeler la position de Lacan qui — à la suite de Freud — tient la guérison de l'analysant pour un effet secondaire de la cure, un bénéfice annexe, presque un épiphénomène qui surviendrait indépendamment de la volonté du praticien. J'imagine que cette position est déconcertante vis-à-vis de ce que l'on peut légitimement attendre : soulager le patient de ses maux. Cependant, nous devons admettre que la survenue de la guérison ne dépend pas du bon usage d'une technique, mais de la manière qu'a le praticien de concevoir la guérison et l'attendre. Si le psychanalyste désire guérir, soyons-en sûrs, il n'obtiendra pas la guérison. Si par contre, il réfrène son désir — convaincu que la guérison est un bénéfice de surcroît qui ne dépend pas de lui —, alors il y aura une chance que la souffrance se lève [11]. Au fond nous appliquons ici une ruse de la raison à l'égard de la vérité : pour que la vérité advienne, il faut faire mine de s'en détourner, voire l'oublier. Sans doute, quand le patient souffre ou lorsqu'un symptôme se répète obstinément, il devient très difficile pour le praticien d'éviter le piège du *furor sanandi*. Nous savons que l'analyste est souvent pris par cette passion de guérir propre au médecin ; c'est une passion réveillée par la demande massive de l'analysant, une passion issue du narcissisme qui se réactive quand le praticien se voit conférer la toute-puissance d'un guérisseur. C'est bien la demande qui engendre la passion aveugle de guérir, passion sœur d'une autre passion, celle de vouloir comprendre. Justement, vouloir guérir et vouloir comprendre sont deux tendances chez le psychanalyste

La passion de guérir

contraires au processus d'exclusion et d'exil. Or, si la guérison ne peut et ne doit être un but poursuivi par l'analyste, que peut-il alors espérer ? Qu'est-ce que j'attends ? J'attends l'arrivée d'un phénomène très simple. Je n'attends ni le changement ni la guérison de mon analysant. J'attends que l'expérience advienne, qu'il survienne un événement impromptu dans l'analyse. Je me dispose à l'étonnement. Le mieux que puisse espérer un analyste, c'est que son patient le surprenne. Bien entendu, il ne s'agit pas que le patient veuille délibérément le surprendre ; en général, quand c'est calculé, cela échoue. Non, la surprise doit frapper simultanément le patient et le praticien. En somme, ma recommandation à l'analyste pourrait se résumer ainsi : pour que votre patient soit un jour délivré de sa souffrance, ne cherchez pas à l'en délivrer et restez ouvert à la surprise.

*

Oublier, c'est créer, se recréer

Or, il est un état bien particulier qui prédispose et sensibilise le praticien à recevoir l'impact de l'étonnement. C'est une attitude essentielle du psychanalyste devant l'événement, que Lacan nomme le semblant. Le sens du mot semblant est à l'opposé de l'acception courante, « se donner une apparence » ou « faire comme si ». Le semblant pratiqué par le psychanalyste est le contraire de l'artifice ; c'est plutôt un état, une disposition interne vis-à-vis de soi-même et non pas une attitude affectée face aux autres. Le semblant c'est faire table rase de toute idée, sentiment ou encore de toute passion, jusqu'à devenir surface vierge d'inscription. Ce n'est pas facile de se persuader profondément, à l'égard de nous-mêmes, que nous ne savons rien. Ce n'est pas facile de faire le vide en soi, et pourtant, c'est le seul moyen pour assumer adéquatement notre rôle d'analyste. Écoutons Freud : « Le psychanalyste se comporte de la façon la plus adéquate s'il s'abandonne lui-même (...) à sa propre activité mentale inconsciente, évite le plus possible de réfléchir et d'élaborer des attentes conscientes, ne veut, de ce qu'il a entendu, rien fixer en particulier dans sa mémoire et capte de la sorte l'inconscient du patient avec son propre inconscient. » C'est cet état du semblant que j'appelle feindre l'oubli. Il faut feindre l'oubli, s'exercer à l'oubli et se laisser surprendre, s'installer dans l'innocence des premières fois. On peut encore appeler cet état d'après une très jolie expression employée par Lacan, une expression de genre féminin : « faire la dupe ». J'insiste sur le genre féminin car, en effet, il y a une relation très étroite entre la féminité et le semblant.

La féminité du psychanalyste

La position féminine se caractérise précisément par la façon de cacher, par la façon de manier le voile, non pas tant pour disparaître aux yeux de l'autre mais dans un geste pudique de se couvrir pour soi-même, un geste si spontané qu'il semble prolonger naturellement le corps. La duperie est un état propre à la féminité, à une féminité tournée vers elle-même et non pas vers l'autre. Je pense en particulier aux danseuses de la Grèce antique et à leur art inimitable du maniement du voile dans la célébration des rites funéraires[12]. Il y a donc une façon de se voiler typiquement féminine : c'est justement de faire la dupe. En ce sens, nous pouvons reconnaître une différence entre féminité et masculinité eu égard à la duperie. Féminité et masculinité sont plutôt des positions définies selon le mode spécifique que chacun — indépendamment de son sexe — a d'habiter son corps avec sa manière particulière de le dissimuler. Ce sont des modalités différentes dans le voilement de l'objet, je veux dire deux façons distinctes de recouvrir et habiller la jouissance. Quand la femme cache, avons-nous dit, elle cache comme en se cachant à elle-même, sans trop se préoccuper de l'autre, et par là, elle laisse entrevoir son mystère ; tandis que l'homme, s'il cache, c'est d'abord aux yeux de l'autre qu'il cache, et par conséquent, il tient tellement à dissimuler que le geste de se masquer devient flagrant. En fait, quand la femme cache, elle offre le mystère et laisse place à la surprise, alors que l'homme dissipe l'énigme et étouffe les questions. J'insiste, les mots « femme » et « homme » doivent être entendus ici en termes de position féminine ou masculine, occupée par tout être quel que soit son sexe.

Le semblant du psychanalyste n'a donc rien d'une attitude affectée ni d'une comédie savamment réglée. Comme pour la féminité, il s'agit d'une disposition subjective, interne, vis-à-vis de soi-même et non pas vis-à-vis de l'autre. C'est grâce à cet état où l'analyste ne cherche ni à guérir ni à comprendre mais à se donner comme ne sachant pas, qu'il aura peut-être la chance d'être surpris par la vérité ; la vérité de son analysant ou la sienne propre, sous forme d'une interprétation. J'aimerais traduire cette fécondité de la position du semblant en rappelant une phrase éclairante de Lacan : « L'analyste est celui qui, à mettre l'objet *a* à la place du semblant, est dans la position la plus convenable à faire ce qu'il est juste de faire : interroger comme du savoir [inconscient] ce qu'il en est de la vérité. » Formule que je paraphraserai en disant : l'analyste est celui qui à faire silence en soi (semblant), est dans la position la plus convenable pour interpréter, c'est-à-dire pour transformer le symptôme en un signifiant qui ouvre au savoir inconscient.

*

* *

Qu'est-ce que l'objet a *?*

Je voudrais aborder maintenant plus précisément le concept d'objet *a* ; concept à propos duquel j'ai eu déjà l'occasion de consacrer plusieurs chapitres d'un livre [13]. Aujourd'hui, je commencerai par rappeler qu'il s'agit de ce que Lacan tient lui-même pour sa construction. Lacan considère qu'il a construit et inventé l'objet *a*. C'est un objet qui revêt la caractéristique de s'écrire avec un symbole, la lettre « a ». Ce symbole « a » ne représente pas la première lettre de l'alphabet, mais la première lettre du mot « autre ». Dans la théorie lacanienne, il existe l'autre avec un « a » minuscule et l'Autre avec un « A » majuscule. Celui-ci, le grand Autre, est une des figures anthropomorphiques du pouvoir de surdétermination de la chaîne signifiante. Tandis que le petit autre, dont la lettre *a* qualifie notre objet, désigne notre semblable, l'alter ego. Or, l'invention de l'objet petit *a* répond à plusieurs problèmes, mais surtout à cette question précisément : « Qui est l'autre ? Qui est mon semblable ? »

Dans son article *Deuil et mélancolie*, quand Freud se réfère à la personne qu'on a perdue et dont on fait le deuil, il écrit le mot « objet », et non « personne ». Freud fournit déjà une base à Lacan pour répondre à la question « qui est l'autre ? » et construire son concept d'objet *a*. Qui est cet autre aimé et maintenant disparu dont je fais le deuil ? Freud l'appelle « objet », Lacan, lui, l'appellera « objet *a* ». « J'ai lu *Deuil et mélancolie* — confie Lacan — et il a suffi que je me laisse guider par ce texte pour trouver l'objet *a*. » Cela ne signifie pas que l'autre disparu s'appelle objet *a*, mais que l'objet *a* répond à la question : « qui est l'autre ? ». Pourquoi ? Afin de mieux nous faire comprendre, démultiplions la question sur l'autre et demandons-nous : « Qui est celui en face de moi ? Qui est-il ? Est-ce un corps ? Est-ce une image ? Est-ce une représentation symbolique ? » Mettons-nous à la place de l'analysant qui, allongé sur le divan, se demande : « Quelle est cette présence derrière moi ? Est-ce une voix ? Un souffle ? Un rêve ? Un produit de la pensée ? Qui est l'autre ? » La psychanalyse ne répondra pas « l'autre *est*... », mais se limitera à dire : « pour répondre à une telle question, construisons l'objet *a* ». La lettre *a* est une façon de nommer la difficulté ; elle vient à la place d'une non-réponse.

Qui est l'autre ?...

Souvenez-vous de l'esprit de la démarche lacanienne qui, au lieu de résoudre un problème, lui donne un nom. Le meilleur exemple de ce procédé est précisément l'objet *a*. En effet, l'objet *a* est certainement un des plus remarquables exemples de l'algèbre lacanienne ; je dirais même qu'il est le paradigme de tous les algorithmes psychanalytiques. Qu'est-ce que l'objet *a ?* L'objet *a* n'est qu'une lettre, rien d'autre que la lettre *a*, une lettre ayant la fonction centrale de nommer un problème non résolu, ou, mieux encore, de signifier une absence. Quelle absence ? L'absence de réponse à une question qui insiste sans cesse. Puisque nous n'avons pas trouvé la solution attendue et requise, alors nous marquons avec une notation écrite — une simple lettre — le trou opaque de notre ignorance, nous mettons une lettre à la place d'une réponse non donnée. L'objet *a* désigne donc une impossibilité, un point de résistance au développement théorique. Grâce à cette notation nous pouvons — malgré nos butées — poursuivre la recherche, et cela sans que la chaîne du savoir soit rompue. Vous voyez, l'objet *a* est finalement une ruse de la pensée analytique pour contourner le roc de l'impossible : nous passons outre le réel en le représentant avec une lettre. Or, quelle est la question dont la réponse est *a*, c'est-à-dire une simple lettre vide de sens ? Cette question pourrait se formuler différemment selon contextes théoriques, mais celle qui ouvre d'emblée sur l'objet *a* est : « Qui est l'autre, mon partenaire, la personne aimée ? »

Quand Freud écrit que le sujet fait le deuil de l'objet perdu, il ne dit pas : « de la personne aimée et perdue », mais : « de l'objet perdu ». Pourquoi ?

Qui était la personne aimée que l'on a perdue ? Que signifie pour nous cet autre que l'on aime ou qu'on a aimé, qu'il soit présent ou disparu ? Quelle place occupe pour nous la « personne » aimée ? Mais est-ce vraiment une personne ?... Quelqu'un pourrait avancer : « C'est une image. La personne aimée est votre propre image aimée par vous. » C'est juste, mais ce n'est pas suffisant. Une autre réponse serait : « La personne aimée n'est pas une image, la personne aimée est un corps qui prolonge votre corps. » C'est de nouveau juste, mais cela reste encore insuffisant. Une troisième réponse enfin nous décrirait la personne aimée comme le représentant d'une histoire, d'un ensemble d'expériences passées. Plus exactement, cette personne porterait la marque commune, véhiculerait le trait commun de tous les êtres aimés au cours d'une vie. A ce propos, on peut se référer au texte de Freud *Psychologie des foules et analyse du moi*, dans lequel il distingue trois types d'identification, dont celle qu'il désigne comme identification du sujet à un *trait* de l'objet, c'est-à-dire à *un trait* de tous les êtres que nous avons aimés. Freud nous livre dans cet article une observation importante pour comprendre comment se forme un couple homme/femme : on aime celui qui porte le trait de l'objet aimé précédemment et ce, à un point tel qu'on pourrait affirmer que dans une vie tous les êtres que nous avons aimés se ressemblent par un trait. Effectivement, quand on fait une nouvelle rencontre, on est souvent surpris de constater qu'elle porte la marque de la personne aimée antérieurement. L'idée géniale de Freud fut de révéler que cette marque qui persiste et se répète dans le premier, dans

... Une image

... Une partie de mon corps

... Un trait

le deuxième et dans tous les autres partenaires successifs d'une histoire, que cette marque est un trait, et que ce trait n'est autre que nous-même. Le sujet *est* le trait commun des objets aimés et perdus au cours d'une vie. C'est exactement ce que Lacan nommera le *trait unaire*.

Si nous reprenons donc les trois réponses possibles à la question « Qui est l'autre ? », nous dirons : l'autre aimé est l'image que j'aime de moi-même. L'autre aimé est un corps qui prolonge le mien. L'autre aimé est un trait répétitif avec lequel je m'identifie. Mais dans aucune de ces trois réponses — la première, imaginaire (l'autre comme image) ; la seconde, fantasmatique (l'autre comme corps) ; et la troisième, symbolique (l'autre comme trait qui condense une histoire) —, dans aucune de ces trois réponses ne se révèle l'essence de l'autre aimé. Nous ne savons pas finalement qui est l'autre élu. Or, c'est justement ici qu'apparaît l'objet *a* à la place d'une non-réponse. Toutefois, nous verrons que des trois approches possibles pour définir l'autre, imaginaire, fantasmatique et symbolique, c'est la deuxième qui renvoie le plus directement au concept lacanien d'objet *a* : l'autre élu est cette partie fantasmatique et jouissante de mon corps qui me prolonge et m'échappe.

... Un fantasme

*

* *

Comment articuler l'objet a *considéré comme cette non-réponse à l'énigme de l'« autre », avec les signifiants de la structure de l'inconscient ?*

Justement, je comptais y venir. La question « Qui est l'autre ? » est une des nombreuses façons de situer l'objet *a*, mais elle n'est pas la seule. Une autre question par exemple est celle du problème que nous avons déjà soulevé à la fin de la première leçon : de quelle nature est l'énergie qui sous-tend la vie psychique ? Ou encore : quelle est la cause qui anime nos désirs ? Puisque nous ne savons pas répondre exactement à ces questions, nous écrivons donc la lettre *a*. Grâce à une telle écriture nous pouvons poursuivre le mouvement de formalisation avec d'autres signes écrits, sans nous préoccuper de nos questions insolubles. Ainsi, au lieu de chercher en vain la nature inconnue de la cause du désir, je la représente alors avec la lettre *a*.

Si j'avance la question « Qui est l'autre ? », c'est pour mieux faire comprendre que l'invention de l'objet *a* ne résulte pas de la décision arbitraire d'un auteur, mais répond à une nécessité, à une exigence de la pratique clinique. Une fois posée la question « Qui est l'autre ? », la théorie analytique oublie cette question pour ne travailler qu'avec la notation formelle « objet *a* ». Il est des questions simples qui sont essentielles parce qu'elles sont à l'origine d'un concept, et qu'il faut néanmoins abandonner provisoirement pour travailler seulement avec l'entité formelle comme si la question initiale n'existait plus. La dernière fois nous avions condensé les différents schémas logiques de l'inconscient en une question élémentaire : « Qu'est-ce que le passé ? » Nous avions ensuite dépassé cette question fictive pourtant essentielle, pour ne travailler qu'avec la paire signifiante S_1, S_2. Nous adoptons actuellement la même démarche à l'égard de l'énigme de l'« autre » et de l'objet *a*.

Statut formel de l'objet a

Quittons donc provisoirement ce problème de l'autre et travaillons un moment avec le statut formel de l'objet *a*. C'est alors que je pourrai répondre à votre interrogation sur le rapport de *a* avec l'ensemble des signifiants et le signifiant de l'*Un*. Pour commencer, je définirai formellement l'objet *a* comme ce qui est hétérogène au réseau de l'ensemble signifiant. C'est-à-dire que le système produit quelque chose en excès qui lui est hétérogène ou étranger. Une telle production est une opération similaire, bien que d'un tout autre ordre, à celle de l'extériorisation du signifiant S_1. Concernant l'objet, je ne parlerai plus d'élément extérieur, mais de produit résiduel, d'un « surplus » du système. L'objet *a* est l'hétérogène en tant qu'excès engendré par le système formel des signifiants. C'est une production qui apparaît comme un excès très différent de l'élément signifiant qui, comme bord, donne consistance à l'ensemble. L'objet n'est pas un élément homogène à l'ensemble signifiant, mais un produit hétérogène qui lui donne consistance. Le système a donc besoin de deux facteurs pour consister : un élément extérieur (S_1), puis un produit éliminé (*a*). Le signifiant extérieur S_1 est homogène à l'ensemble signifiant, son rapport lui est symbolique ; en revanche, le produit résiduel, *a*, de nature réelle, est hétérogène à l'ensemble signifiant. L'ordre symbolique signifie que tous ses composants y compris celui qui en constitue la limite (S_1), sont homogènes, c'est-à-dire qu'ils sont tous régis par les lois de la logique signifiante. Tandis que l'objet *a*, au contraire, échappe seul à cette logique.

*

L'objet a *est le plus-de-jouir, cause du système signifiant*

Il est vrai que nous pourrions identifier l'objet *a* au trou dans la structure de l'inconscient, c'est-à-dire à la place laissée vacante par le signifiant de la chaîne devenu bord. Mais l'identification de l'objet au trou ne serait légitime qu'à condition de concevoir le trou non pas dans une vision statique, mais comme un vide aspirant. L'objet *a* est le trou de la structure si vous l'imaginez en effet comme la source d'une force aspirante qui attire les signifiants, les anime et donne consistance à la chaîne. Or, quand on parvient à imaginer l'objet comme un trou aussi vivant, c'est la figure de la jouissance (plus-de-jouir) qui se présente à nous.

Soyons clairs, car le rapport de l'objet *a* au trou est plein de nuances. Nous dirons que l'objet *a* est le trou dans la structure de l'inconscient, si nous admettons trois préalables : le trou est d'abord le pôle attracteur qui anime le système (cause) ; la force de ce trou se nomme jouissance (plus-de-jouir) ; et enfin, la jouissance, plutôt qu'un tourbillon d'énergie au centre du creuset, est un flux constant qui parcourt les bords du trou. Mais, pour mieux faire comprendre ce rapport objet/trou, je voudrais quitter le point de vue formel, pour me rapprocher de la dimension corporelle en posant tout uniment la question : Qu'est-ce qu'un trou ?

*

Qu'est-ce qu'un trou ?

Quittons donc le plan formel et demandons-nous quelle est la représentation psychique que nous avons d'un trou ? Non pas l'image consciente et visuelle comme celle de notre figure 3, mais la représentation psychique inscrite dans notre inconscient ? Comment par exemple une femme ou un homme — je pense en particulier à un patient souffrant d'impuissance —, peuvent-ils se représenter ce paradigme du trou qu'est le sexe féminin, je veux dire le vagin ? Il semblerait plus facile à notre esprit de se représenter le clitoris ou les lèvres — parties saillantes du sexe féminin — que de se représenter l'ouverture vaginale. Formulons-le en d'autres termes : tout se passe comme si la représentation psychique d'un trou, et plus particulièrement celle du vagin, succombait sous le coup du refoulement ; tandis que la représentation psychique d'une saillance, tels le clitoris, le sein ou le pénis, se prêtait mieux à l'imaginaire et émergeait plus nettement à la surface de la conscience. Vous remarquerez le contraste entre le refoulement de la représentation du vagin d'une part et, d'autre part, à l'opposé, le surinvestissement de la représentation de la saillance. Nous oublions et nions très aisément un trou, tandis que nous restons facilement subjugués par une saillance. On ne sait jamais très bien ce qu'est un trou tandis qu'on est immédiatement sensible à la perception d'un appendice. Quelle propriété a donc un trou pour provoquer ainsi le refoulement, et quelle propriété a donc une saillance pour attirer ainsi l'investissement ? Sans doute n'ai-je pas de réponse à une telle question. Cependant elle est importante, car soulever le problème de la nature intrinsèque du trou, signifie soulever le problème de la nature intrinsèque des orifices du corps, j'entends, des ouvertures érogènes du corps. Ainsi, se demander : qu'est-ce qu'un trou ? équivaut à se demander : qu'est-ce qu'une ouverture orificielle ?

Le trou est un bord...

Justement, peut-on dire qu'un orifice érogène est un trou ? Ou au contraire, ne devrions-nous pas considérer que l'orifice plutôt qu'un trou est un bord, plus exactement des bords, ou encore mieux des replis muqueux qui dans leurs pulsations créent un trou et aussitôt l'effacent ? Je dirais ainsi que dans notre monde érogène il n'y a pas à proprement parler de trou tel que nous l'imaginons habituellement comme une ouverture délimitée par un cercle, mais des bords contractiles et dilatables qui créent des creux éphémères. Or, ces bords palpitent s'ils sont animés par le flux d'une énergie qui les parcourt, une énergie dite jouissance. Voilà où nous voulions en venir. Nous étions partis d'une vision formaliste du trou localisé dans la structure de l'inconscient (figure 3), pour en arriver maintenant à l'énigme des orifices du corps, jusqu'à en déduire que ce sont les bords animés par la jouissance qui produisent et créent le trou. Il n'y a pas de trou sans la jouissance qui fait palpiter les bords[14]. En somme, dans la vie érogène et, par conséquent, dans notre vie psychique inconsciente, il n'est de trous qu'engendrés dans la tension et le

Suite académique, Marcello, Bortoluzzi (1976).

... sillonné par le flux de jouissance

mouvement. Remarquez que nos considérations sur les orifices ne seront fondées qu'à condition de penser les bords orificiels et le flux de jouissance qui les parcourt, comme mus par la présence d'un autre corps, lui-même désirant.

*

* *

... le sein, le scyballe, le regard, la voix : ces pièces détachables pourtant foncièrement reliées au corps, voilà ce dont il s'agit dans l'objet a.

J. Lacan

L'objet a *est un flux constant de jouissance*

Après ces propositions sur le trou, on comprend que l'objet *a* doit être considéré dans son essence comme étant le flux de jouissance qui parcourt le bord des orifices du corps et, à ce titre, comme étant la cause locale qui meut et fait travailler l'inconscient. Mais dans la théorie lacanienne, il existe surtout une autre approche de *a* selon laquelle l'objet est non seulement l'*en-soi* de la jouissance mais une série de parties détachables du corps. Nous verrons que ces entités corporelles ne sont pas à proprement parler des fragments matériels du corps, des éléments organiques, mais plutôt des fantasmes, des figures, des simulacres * qui enveloppent le réel de la jouissance.

Suivant le développement de la sexualité infantile exposé par Freud dans les *Trois Essais*, l'enfant se sépare successivement d'une série d'objets caducs qui, après avoir été au service d'une fonction du corps de l'enfant et consommés, ont été rejetés. Selon les différentes périodes de son évolution, le sujet « consomme » et perd successivement le placenta, le sein, puis les excréments, et encore le regard, et la voix. Ce sont cinq figures du détachement, que Lacan relève parmi les nombreuses variétés corporelles d'objet *a*. Il est toutes sortes de pertes corporelles bien sûr, mais les plus représentatives et paradigmatiques de l'objet *a* demeurent les cinq espèces mentionnées. On pourrait me demander par exemple, lorsqu'une patiente parle du problème de ses règles, si le sang de la menstruation peut être considéré comme un des semblants de l'objet *a*. A priori je dirais non, sauf dans telle conjoncture particulière, qui permettrait d'inclure les menstrues parmi les figures de l'objet *a*. Mais en revanche, je peux concevoir avec plus d'assurance que la douleur, sous certaines conditions aussi, soit une entité détachable et plus

Statut corporel de l'objet a

* Les simulacres ou les semblants corporels qui recouvrent et donnent figure à l'en-soi de l'objet *a* nous renvoient aux simulacres décrits par Lucrèce : « Les simulacres sont des figures et des images subtiles, émises par les objets, et jaillissant de leur surface. Ce sont des membranes légères, détachées de la surface des corps, et qui voltigent en tout sens parmi les airs. » (*De la nature*, Les Belles Lettres, 1956, t. II, IV, p. 7.)

exactement une variété d'objet *a*. Il y a en effet des critères précis qui servent de base pour juger si tel détachement du corps doit être ou non classé comme objet *a*.

Nous avons commencé par nous demander qui est l'autre en général. Et dans le cas plus particulier de *Deuil et mélancolie*, qui est l'autre disparu, quel est l'objet perdu ? Maintenant, nous en venons à évoquer des parties détachées du corps, qui sous certaines conditions bien établies pourront faire figure de *a*. Or, toute chose isolable dans le corps n'est pas nécessairement une espèce d'objet *a*. Pour qu'il y ait un détachement et que cette séparation soit repérable au titre de *a*, il faut trois conditions : une condition imaginaire et deux conditions symboliques (figure 4).

*

* *

Les deux espèces particulières d'objet *a* que sont le sein et les excréments restent déterminées par une condition imaginaire importante : elles présentent une forme proéminente qui déborde du corps à la manière d'une avancée saillante susceptible d'être saisie, détachée, voire arrachée du corps. L'aspect protubérant d'un sein, par exemple, appelle à le prendre avec la main, le saisir avec la bouche ou le mordre. Il s'agit donc d'abord de figures corporelles qui dépassent en relief la surface

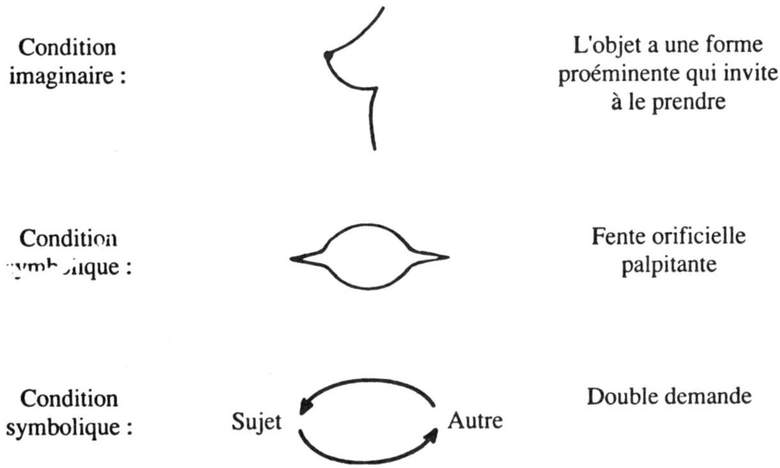

Figure 4

L'objet est une partie détachable du corps et son détachement est déterminé par trois conditions : une condition imaginaire, et deux conditions symboliques.

qui les porte, et qui, se donnant comme détachables, appellent la saisie. Je n'entrerai pas ici dans le détail de l'imagerie d'un Jérôme Bosch dont la peinture témoigne de tous ces appendices fantastiques qui semblent réclamer l'étreinte d'une main prête à prendre ou l'avidité d'une bouche dévorante. J'insiste sur le fait que cette condition imaginaire ne s'applique qu'à certaines parties spécifiques du corps. Un coude, par exemple, n'appelle pas particulièrement à être empoigné ou arraché. Bien entendu, vous avez déjà compris, j'imagine, que l'archétype à la base de toutes ces formes corporelles proéminentes et sécables, n'est autre que l'appendice que nous appelons phallus.

*

La première condition symbolique, quant à elle, consiste dans le fait que ces lieux du corps destinés à la séparation — en particulier le sein dans le sevrage et les excréments dans la défécation —, restent en relation directe avec les orifices naturels qui palpitent, tels la bouche pour le sein et l'anus pour les selles. Justement, nous qualifions cette condition de symbolique parce que les reliefs anatomiques, les bords des orifices sont à proprement parler des signifiants. Des signifiants qui découpent l'objet et le partialisent. Ces signifiants sont les contours qui supportent la circulation du flux de la jouissance et lui donnent sa permanence. Les deux autres objets — voix et regard —, qui eux ne dépendent d'aucune condition imaginaire, sont cependant déterminés par la même condition symbolique, celle d'être produits par des bords qui, comme la bouche et l'anus, vibrent à leur manière : à savoir les paupières qui clignent pour donner naissance au regard, et les parois de la glotte qui vibrent pour donner naissance à la voix. Voix et regard dépendent de la condition symbolique offerte par les traits anatomiques des orifices. D'un point de vue imaginaire, ce sont des objets difficilement imaginarisables, car ni l'un ni l'autre ne répondent à aucune forme plastiquement représentable. Il est impossible par exemple de dessiner la voix ou le regard. Rappelons enfin que ces fentes contractiles qui se ferment et s'ouvrent — condition symbolique pour que nous puissions dire que telle émission du corps est une figure de l'objet *a* —, sont appelées par Freud *zones érogènes*[15].

« La jouissance... prend des bords corporels sa permanence »

J. L.

*

Venons-en enfin à la deuxième condition symbolique. Elle consiste dans le fait que les objets ne se détachent et ne se séparent du corps, qu'au prix de l'action de la parole. C'est toujours une parole qui les sépare du corps. Or quelle parole peut séparer un sein du corps, par exemple ? Quelle parole peut avoir le pouvoir d'entailler un corps ? La première parole, la parole la plus primitive qui sépare tout à la fois le sein du corps de la mère et ce même sein de la bouche du nourrisson, c'est fondamentalement le cri. Car c'est bien par les cris qui demandent la tétée que l'enfant s'affirme et en quelque sorte s'autonomise en tant que sujet du désir. En se distinguant du corps de la mère, le sujet semble emporter avec lui le sein. Il transforme le sein nourricier de la mère en un sein mental qui dorénavant lui appartient.

La coupure signifiante d'un cri

Le cri a pour nous la valeur d'une demande, et, comme toute demande, il implique une parole en retour. Car qui demande à qui ? Il s'agit en fait d'une double demande : la demande du sujet à l'Autre — cette fois-ci, l'Autre avec un grand A, ici la mère — ; et réciproquement, la demande de l'Autre au sujet, de la mère à l'enfant. C'est seulement sous la condition symbolique d'une double demande du sujet à l'Autre et de l'Autre au sujet que le sein se sépare. Mais pourquoi dire que la demande est coupure ? Comment comprendre qu'une parole puisse entailler le corps ? C'est une manière de dire que la demande étant parole, elle n'arrive jamais à désigner exactement l'objet voulu. Nous savons l'inadéquation fondamentale entre chose et langage, entre ce que je veux et la parole que j'énonce pour l'obtenir, entre le sein que je réclame et le cri de mon appel. Quand l'enfant crie sa faim, la mère croit qu'il a froid, et ainsi de suite, les malentendus se succèdent. Bref, dire que la demande est *une coupure signifiante* équivaut à dire qu'elle rate son objet, qu'elle transforme l'objet réel qu'elle vise, en une abstraction mentale, en une image hallucinée. C'est cette image précisément que nous appelons objet du désir ou objet *a*. Ainsi le sein demandé devient-il — par le truchement de la parole — sein halluciné du désir.

Un enfant peut très bien satisfaire sa faim et pourtant halluciner le sein comme s'il n'avait pas mangé. Pourquoi ? Parce que le sein halluciné,

Le sein séparé du corps de la mère...

c'est le sein du désir. Que veut dire : « le sein du désir » ? Cela signifie que le rapport de l'enfant avec le sein psychique est directement lié au rapport de la mère avec son corps à elle. Le sein du désir de l'enfant dépend du désir de la mère de donner le sein. Quel est ce désir maternel ? Pas celui de nourrir son enfant, mais un désir à la lisière du désir érotique. Il est rare en général qu'une mère donne le sein sans vivre ce geste comme marqué d'un certain érotisme, comme autre chose qu'un geste purement nourricier. Nous retrouvons ici la même problématique que pour l'Œdipe. Le problème de l'Œdipe — nous disait Freud — n'est pas seulement que l'enfant désire coucher avec sa mère, c'est surtout que la mère elle aussi, désire érotiquement son enfant. La clé de l'Œdipe c'est qu'il n'y aurait pas de désir incestueux s'il n'y avait deux désirs en jeu : celui de la mère, et celui de l'enfant. Les mères que j'ai pu écouter m'ont bien appris que, depuis l'allaitement jusqu'au moment de l'Œdipe, leur désir maternel est aussi intense et intolérable que le désir incestueux de l'enfant.

... devient le sein halluciné du désir

On comprend alors que le sein qui nous intéresse n'est pas le sein organique du corps maternel, mais le sein psychique produit une fois que le sein maternel a été symboliquement séparé et perdu par l'action de la parole. L'enfant a faim, demande à boire, tète, assouvit sa faim et s'endort enfin. Pourtant, en dormant, il hallucine le sein, comme s'il n'était pas rassasié, comme s'il avait encore envie, non plus de s'alimenter, mais de désirer, je veux dire d'entretenir son désir. Le sein qui se sépare du corps de la mère et de la bouche du nourrisson est devenu un sein psychique, c'est le sein qui va apparaître comme image dans l'hallucination d'un enfant satisfait par rapport à sa faim, mais insatisfait par rapport à sa demande. Rappelons ici un passage des *Écrits* où Lacan situe ainsi le détachement du sein : « ...c'est entre le sein et la mère que passe le plan de séparation qui fait du sein l'objet perdu en cause dans le désir [16]. »

En toute rigueur, quand l'objet *a* adopte la forme du sein halluciné, nous reconnaissons son statut d'objet du désir, mais à proprement parler, profondément, l'objet *a* n'est pas le sein halluciné. Il est l'énergie, le plus-de-jouir indéfinissable ou encore le trou habillé par le semblant halluciné d'un sein. En un mot, nous dirons que l'objet *a* n'est pas le sein halluciné du désir, mais l'*en-soi* que le semblant-sein recèle, un *en-soi* recouvert par le semblant comme une membrane peut recouvrir un noyau intact et inaltérable.

*

Si nous revenons au corps dans sa dimension proprement organique, que pensez-vous du sein maternel, je veux dire de ce sein que vous avez qualifié de sein nourricier ?

Le sein que le nourrisson tète, en réalité, n'intéresse pas la psychanalyse...

Cela appartient au domaine de la puériculture ?

De la puériculture ? Peut-être. En tant que psychanalystes nous devrions savoir comment les puéricultrices enseignent à la jeune mère à prendre le mamelon avec les doigts pour le tendre à la bouche de l'enfant. C'est toujours un geste difficile, surtout pour les mères primipares. Je pense que ce n'est pas facile parce que la mère est énervée de désir, car le désir est pour elle intolérable. Je crois qu'il y a un rapport intime entre le fait de ne pas savoir proposer le mamelon à son enfant, et le caractère intolérable du désir. J'ignore si les puéricultrices ont pensé à cela, mais il serait intéressant d'en parler avec elles.

*

Vous parlez de la séparation du nourrisson d'avec le sein maternel, sans avoir employé une seule fois le mot sevrage. Est-ce que d'après vous la séparation du sein comme objet a, *serait assimilable à un sevrage ?*

Physiologiquement parlant, le sevrage est une cessation progressive de l'allaitement et surtout le remplacement de l'aliment en lait par une nourriture plus solide. Vous comprendrez que le sevrage est avant tout un avatar dans l'ordre des besoins corporels et non dans l'ordre du désir, même si la décision du sevrage revient en grande partie au désir de la mère. Non, le sevrage tel que je viens de le définir n'est pas identifiable au détachement du sein comme objet *a*. La séparation du sein dont nous parlons serait plutôt un « sevrage symbolique » produit par le seul fait de la parole. Le sevrage au sens analytique du terme, commence dès la première expression humaine, dès que le sujet est capable de produire des symboles, toutes les variantes du symbole, depuis le premier cri jusqu'à la parole la plus élaborée.

*

Le désir de l'anorexique

Par ailleurs, votre question m'évoque la façon dont Lacan interprète l'anorexie. Comme nous l'avons dit, l'enfant peut très bien rester satisfait du point de vue du besoin et cependant, du point de vue du désir, halluciner le sein. Il n'a plus faim au ventre mais il garde mentalement l'appétit du désir. Eh bien, l'anorexique, elle — en général ce sont de jeunes femmes — ne veut pas de cet état double de notre nourrisson : assouvissement de la faim, inassouvissement du désir. Elle veut que l'insatisfaction soit partout, qu'il n'y ait que de l'insatisfaction tout autant du ventre que du désir. L'anorexie consiste à dire : « Non, je ne veux pas manger pour ne pas me satisfaire, et je ne veux pas me satisfaire pour être sûre que mon désir reste intact — et pas seulement le mien, mais aussi celui de ma mère. » L'anorexie est un cri contre toute satisfaction et un maintien obstiné de l'état général d'insatisfaction. Je fais référence à l'anorexie que je situe dans le cadre général de l'hystérie car c'est une souffrance à mes yeux typiquement hystérique. Bien entendu, il n'y a pas pire attitude envers un anorexique que de vouloir le nourrir. Cela ne peut que renforcer encore sa protestation et son insistance à garder à tout prix le désir, c'est-à-dire à défendre à tout prix le fait de ne pas être satisfait et de vouloir ainsi préserver son désir. Donc, aux yeux de l'anorexique, ce qui va contre le désir, c'est la satisfaction au niveau du besoin car plus le besoin sera apaisé, moins il lui sera possible de maintenir éveillé son désir.

*

Quand vous dites que l'enfant hallucine, qu'est-ce qu'il hallucine exactement ?

L'objet du désir n'appartient ni à la mère ni à l'enfant

L'enfant hallucine le sein, ou mieux dit, l'enfant hallucine l'objet du désir. Du désir de qui ? De la mère et de l'enfant. En réalité, l'enfant hallucine un objet qui n'appartient ni à sa mère ni à lui-même, mais qui se trouve entre les deux. A ce propos, posons-nous la question : à qui appartient ce sein qui se perd ? A la mère ou à l'enfant ? Ni à l'un, ni à l'autre, c'est un objet qui chute dans l'entre-deux comme tout objet *a*. Lacan représente la chute de l'objet avec deux cercles d'Euler se chevauchant (figure 5), un cercle représentant le sujet (l'enfant), et un deuxième cercle représentant l'Autre (la mère). L'objet *a* est ce qui choit au milieu, à l'intersection de l'Autre et du sujet.

*

Vous parlez de pertes et de sevrage symbolique. Pourrait-on dire que l'objet a *correspond à la notion freudienne d'objet perdu ?*

L'objet perdu n'est qu'une des figures possibles de cette non-réponse dite objet *a*. D'ailleurs, il

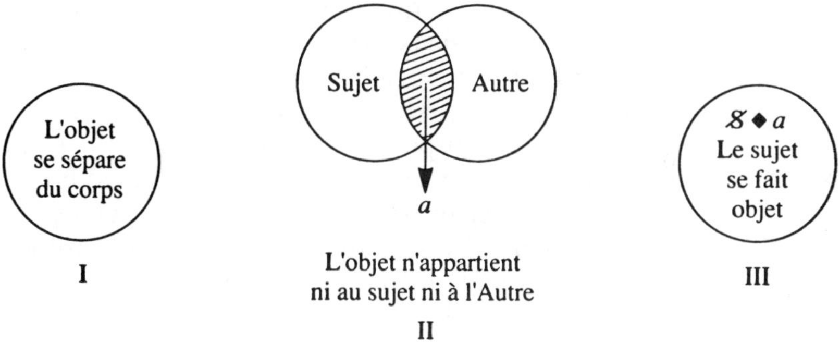

Figure 5

Les trois étapes de la production de l'objet *a*

faut se prémunir contre ce qui serait une vision exclusive de l'objet *a* considéré comme une perte. L'objet *a* peut être théorisé diversement, surtout comme plus-de-jouir où loin d'être une perte il est un surplus qui s'accumule. Nous pensons à l'objet *a* comme perte lorsqu'il revêt ces figures sémantiques relatives aux lieux érogènes du corps : le sein, le regard, la voix, etc. Toutes ces figures sont en fait des couvertures de *a*, des masques chargés d'une signification corporelle, des maquillages que Lacan catégorise sous le terme de « semblant d'être » ; mais — j'insiste — l'objet *a* lui-même est en soi un réel opaque, une jouissance locale, impossible à symboliser. Donc, parler de l'objet *a* comme d'une perte corporelle n'est qu'une façon de parler, je dirais une façon « organiciste » de nous référer à l'objet, un semblant organiciste et corporel de l'objet. Cette réserve étant faite, il n'en reste pas moins légitime d'employer l'expression « objet perdu » ou « perte ».

*

* *

Parfois, vous parlez de demande insatisfaite ; et d'autres fois, comme pour l'anorexie, de désir insatisfait. Comment distinguer ces deux types d'insatisfaction ?

La demande manque son objet...

D'abord, soulignons encore une fois que la demande de l'enfant vise le corps nourricier et le rate, tandis que le désir, lui, vise l'inceste impossible, et *trouve* le sein érotique. Nous pouvons donc affirmer que la demande est insatisfaite parce qu'elle n'obtient jamais l'objet réel qu'elle vise, tandis que le désir est insatisfait parce qu'il n'obtient jamais le but impossible qu'il vise, à savoir l'inceste. Mais si la demande est insatisfaite de par l'objet concret qu'elle manque, et le désir insatisfait de ne pouvoir atteindre l'impossible inceste, une autre différence demeure : la demande manque son objet et reste déçue, tandis que le désir, lui, manque l'inceste, mais *trouve* un substitut, l'objet halluciné. Ce substitut, nous le rencontrerons plus tard sous la forme du fantasme.

... et reste déçue

Vous savez que Lacan distingue la triade besoin, demande et désir. Si l'enfant demande à manger quel est le besoin ? La faim. Mais qu'il ait mangé ou non, qu'il soit rassasié au niveau de son besoin ou qu'il reste inassouvi, l'enfant, parce qu'il est un être humain parlant et sexué, verra sa demande déçue et hallucinera inévitablement l'objet du désir. C'est-à-dire qu'au-delà de la demande, le petit être désire. En quoi cela consiste-t-il, qu'il désire ? En rien d'autre qu'à halluciner. L'hallucination du sein *est* le désir, c'est la forme la plus pure peut-être de la réalisation d'un désir. Pourquoi ? Parce que ce sein halluciné objet du désir, est une chose pour ainsi dire entièrement créée par les désirs conjugués de la mère et de l'enfant.

Le désir manque l'inceste...

Ce sein halluciné, bien différent du sein corporel et plus encore du lait nourricier, est le fruit du lien désirant mère-enfant. Il témoigne d'une réalité incontestable : d'une part mère et enfant ne peuvent trouver leur satisfaction dans le simple acte nourricier, et d'autre part, ils ne peuvent pas et ne veulent pas non plus trouver leur satisfaction dans l'acte incestueux. Ils ne se satisfont ni d'un besoin rassasié ni d'une demande déçue, ni d'un inceste qui leur est impossible. Désirer le sein équivaut à éviter la voie du besoin et la voie de l'inceste.

... et trouve le sein halluciné

Le désir est certes intolérable, mais il protège le sujet contre la tendance pour ainsi dire humaine qui nous habite tous à chercher l'extrême limite, le point de rupture, la satisfaction absolue de l'inceste ; pour tout dire, la jouissance de l'Autre. Le désir avec son hallucination est certes intolérable mais il sait nous protéger en nous arrêtant sur le chemin d'une jouissance mille fois plus intolérable. On comprend que toutes les satisfactions du désir ne peuvent être que des satisfactions partielles, gagnées sur le chemin de la quête d'une satisfaction totale jamais atteinte. Je voudrais être très clair. Qu'est-ce que l'enfant désire absolument, par principe, hors de tout âge et de toute circonstance concrète ? L'inceste. Cela est impossible et restera une attente à jamais insatisfaite. Mais alors, avec quoi se contente-t-il ? Avec la satisfaction partielle d'halluciner un sein qui n'est pas le sein nourricier, mais un sein produit par les trois conditions : la prégnance imaginaire, le rapport à la bouche comme orifice érogène, et enfin, la double demande. En somme, tous les objets, que nous les appelions « objets du désir » ou que nous les appelions également « espèces de l'objet *a* » — c'est-à-dire : le placenta, le sein, les excréments, le regard, la voix ou la douleur —, tous ces objets de nature différente soutiennent et entretiennent le désir en deçà de la supposée satisfaction absolue que serait la possession incestueuse du corps total de la mère. L'enfant ne possédera jamais le corps entier de la mère, mais seulement une partie. Et cette partie, il ne la possédera pour ainsi dire que dans sa tête, dans l'hallucination ou à travers cette autre production psychique que nous n'avons pas encore étudiée, le fantasme. Notons que l'hallucination et le fantasme, bien que différents du point de vue de la clinique, sont des formations équivalentes du point de vue de la « possession » psychique de l'objet partiel du désir.

Mais comment peut-on dire que l'enfant voudrait posséder le corps total de la mère ?

L'inceste : une supposition des psychanalystes

L'idée que dans l'absolu le désir est désir de posséder le corps entier de la mère ou si vous préférez, que le désir est désir incestueux, correspond à une supposition postulée par les psychanalystes. C'est vrai que pour fonder une telle supposition nous nous appuyons sur des indices que je n'ai pas encore avancés, car j'ai pris un autre chemin dans mon exposé. Pour bien justifier ce postulat éminemment théorique, voire axiomatique, sur la visée incestueuse du désir, il serait nécessaire d'aborder le problème de la castration et du phallus dans la théorie psychanalytique. Mais en tout état de cause, n'ayons aucune hésitation à affirmer que c'est nous, analystes, qui avançons la prémisse de l'inceste comme l'au-delà jamais atteint du désir. Ajoutons aussi que l'affirmation que le bébé hallucine le sein et satisfait partiellement son désir, est encore une conjecture analytique. Freud ne fut pas le seul à l'élaborer. Il y eut surtout Mélanie Klein. Peut-être savez-vous comment procéda Mélanie Klein pour fonder sa théorie dans laquelle le sein occupe une place majeure ? A ses débuts, elle se rendait dans une nursery et s'asseyait pendant des heures et des heures à regarder les bébés en prenant note de toutes leurs manifestations possibles ; manifestations qu'elle jugeait comme l'expression corporelle de phénomènes psychiques, dont l'hallucination, et plus généralement de processus mentaux inconscients. Pendant que les bébés dormaient, elle observait leurs visages, leurs mouvements de bouche, leurs mimiques, ou tout autre geste qui lui permettait de confirmer son hypothèse que l'enfant, à ce moment même, hallucinait le sein.

*

*   *

Cela étant, je voudrais revenir sur la deuxième condition. Nous avons dit qu'un objet se sépare sous l'effet de la demande de l'enfant. Mais nous avons aussi précisé qu'en réalité, pour quitter le sein nourricier et produire l'objet *a* sous l'espèce du sein halluciné, il faut plus que la seule parole de l'enfant : il faut aussi la parole de la mère. Rappelons donc qu'en toute rigueur, la condition symbolique de la production de l'objet est une double parole, une double demande. Le nourrisson ne peut demander le sein que si sa mère le reconnaît en retour comme étant son enfant.

L'enfant est le sein qu'il hallucine

Référons-nous à la figure 6. Nous avons deux boucles, l'une qui correspond à la demande de l'enfant adressée, en pleurant ou en criant, à la mère : « J'ai faim. » C'est ce que nous appelons la demande *à* l'Autre. Puis une deuxième boucle qui correspond à la demande *de* l'Autre à l'enfant, demande implicite dans la première et qui se formulerait en réciprocité comme : « Laisse-toi nourrir. » « J'ai faim » est la demande qui va de l'enfant à la mère, et « Laisse-toi nourrir, mon enfant » est la demande qui va de la mère à l'enfant. Grâce au dessin, on peut voir qu'il n'y a pas de demande du sujet qui n'implique la demande inversée venant de l'Autre. Ces deux demandes tracent un seul trajet, celui de la coupure. L'objet se détache alors, l'enfant hallucine le sein, et en hallucinant il s'y identifie. L'enfant est le sein qu'il hallucine. Dans notre exemple, le sujet devenu sein s'offre à la dévoration de l'Autre : « Mange-moi, mère ». Nous retrouverons cette identification à l'objet lorsque nous étudierons la structure du fantasme.

*

* *

Avant de résumer cette leçon, j'aimerais vous rappeler une remarque de Freud contenue dans

Boucle d'une double demande

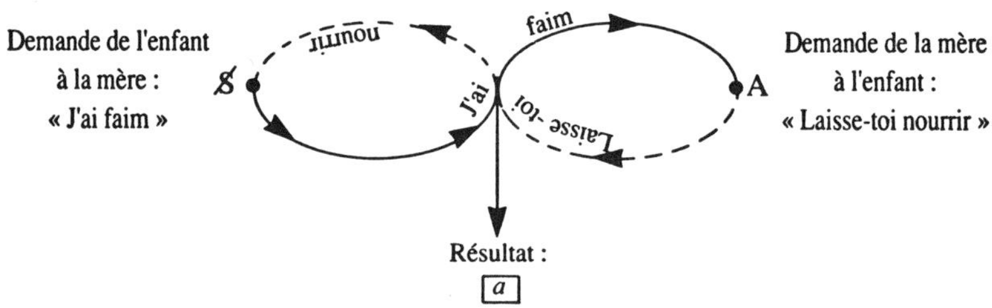

Identification du sujet à l'objet ($\$ \diamond a$) qui équivaut au désir d'être mangé par la mère : « Mange-moi, mère »

Figure 6

L'objet *a* résulte de l'accomplissement d'une double demande. Quand l'objet se détache, le sujet s'y identifie (fantasme).

l'une des dernières notes jetées sur un cahier à la veille de sa mort. Cette remarque concerne justement le double rapport de l'enfant au sein, *l'avoir* ou *l'être ;* avoir le sein, ou être le sein. Voici ce que Freud écrivit dans un style télégraphique [17] :

« Le sein est un morceau de moi, je suis le sein »
S. Freud

« Avoir et être chez l'enfant. L'enfant aime bien exprimer la relation d'objet par l'identification : je suis l'objet. L'avoir est la relation ultérieure, retombe dans l'être après la perte d'objet. Modèle : sein. Le sein est un morceau de moi, je suis le sein. Plus tard seulement : je l'ai, c'est-à-dire je ne le suis pas... »

Je vous laisse le plaisir de méditer ces phrases touchantes et énigmatiques. Pour ma part, je vous livre le résultat de ma lecture. Freud distinguerait quatre temps dans la relation de l'enfant au sein.

Premier temps : *Le sein est une partie de moi.* C'est la relation de parasitisme du nourrisson à l'endroit du corps de la mère, lorsqu'il est plaqué sur la mamelle.

Deuxième temps : *Je perds le sein.* Perte qui correspondrait à l'étape que nous avons décrite tout au long de nos développements sur la constitution de l'objet *a*.

Troisième temps : *Je suis le sein que je perds.* Processus d'identification du sujet avec l'objet, ressort fondamental de la structure du fantasme.

Quatrième temps : *J'ai le sein*, c'est-à-dire que je ne le suis plus (autonomie).

*

* *

Pour conclure, je voudrais recentrer nos considérations sur l'objet *a*, vu sous l'angle de la triade besoin-demande-désir, selon six propositions :

***Six propositions sur l'objet* a**

Dans l'ordre du *besoin*, nous avons le sein nourricier, le lait, et la faim, que celle-ci soit rassasiée ou non.

*

Dans l'ordre de la *demande*, nous trouvons la demande de l'enfant adressée à la mère (cri), et la demande de la mère adressée au nourrisson (« Laisse-toi nourrir, mon enfant »). Ces deux demandes, l'une demande de manger, l'autre demande de recevoir, ne sont à proprement parler que des appels réciproques à reconnaître et à être reconnu. La conjonction de ces demandes prend la forme de l'amour réciproque mère-enfant. La demande de l'enfant étant une parole, elle manque son objet : le sein nourricier. Elle reste insatisfaite, mais ouvre la porte au désir. Quant à la demande de la mère, elle rencontre les même avatars que celle de l'enfant.

*

Dans l'ordre du *désir*, il y a d'abord un préalable : le désir incestueux de posséder le corps total de la mère et puis l'impossibilité d'y parvenir. Le résultat en est l'insatisfaction.

*

Soyons clairs : à chaque fois que nous employons l'expression : « désir insatisfait », c'est du désir incestueux qu'il s'agit.

*

Cette insatisfaction du désir incestueux se traduit mentalement par l'hallucination non pas du corps total de la mère, mais d'une partie de ce corps, dans notre exemple : le sein. Aussi l'hallucination du sein du désir est-elle le substitut de la possession incestueuse du corps maternel. On voit ainsi que la possession incestueuse de la mère est substituée par l'hallucination du sein, et le corps total substitué par un corps partiel. Si nous employons le vocabulaire lacanien du concept de jouissance, nous devons dire que la jouissance-Autre qui correspond au corps total est ici substituée par le plus-de-jouir (objet *a*) qui correspond au corps partiel.

*

L'Autre, pour l'enfant, c'est-à-dire son partenaire le plus intime, sa mère, est ainsi réduit du point de vue du désir à l'état de sein halluciné. C'est-à-dire que l'objet impossible du désir incestueux qu'était la mère est maintenant devenu le sein halluciné, objet partiel du désir. L'Autre se réduit à l'objet *a*. En toute rigueur, le sujet aussi se réduit et s'identifie à cet objet du désir. Cette double réduction de la mère et de l'enfant à l'objet *a*, réduction alternée, est l'opération nodale génératrice de cette formation psychique nommée fantasme.

*

*   *

Bref, nous avons expliqué que la production de l'objet *a* suit deux étapes. D'abord, nous avons considéré l'objet *a* comme une partie du corps détachable à une triple condition : une condition imaginaire et deux conditions symboliques (image prégnante, orifice et double demande). En distinguant besoin, demande et désir, nous avons aussi montré que l'objet en tant qu'objet du désir n'a rien à voir avec une partie physique du corps, mais qu'il est avant tout un produit halluciné. Ensuite, nous avons soutenu que cet objet n'appartient ni au sujet ni à l'autre. Nous compléterons enfin ce tableau la prochaine fois avec une troisième étape dans laquelle nous expliquerons l'identification du sujet avec l'objet halluciné du désir. C'est cette identification qui est à la base de la structuration d'un fantasme.

*

Cela étant posé, je voudrais revenir sur une précision et rappeler que l'objet *a* de Lacan n'est pas à proprement parler le sein halluciné, objet du désir. Strictement il est le trou, la jouissance énigmatique et innommable que Lacan appelle le plus-de-jouir. L'adverbe « plus » — rappelez-vous notre première leçon — souligne que l'objet est toujours un trop ou un plus d'énergie résiduelle, inassimilable par le sujet. Surplus de tension qui, dans l'hallucination, revêt la forme familière d'un mamelon par exemple. Bien entendu, le mamelon halluciné n'est qu'un semblant parmi d'autres sous lesquels se présente le plus-de-jouir. Car ce surplus de jouissance innommable et énigmatique, appelé *a*, peut emprunter toutes les figures corporelles, visuelles, auditives, olfactives ou tactiles, qui participent de la rencontre désirante (et insatisfaite, incestueusement insatisfaite) entre l'enfant et la mère, et plus généralement entre le sujet et l'Autre. L'objet *a* peut se donner à sentir comme telle odeur particulière dans l'hallucination olfactive, comme la douceur du contact de la peau dans l'hallucination tactile, ou encore se donner à entendre sous la forme du timbre inimitable de la voix maternelle dans une hallucination auditive. Certainement, toutes ces formes se combinent dans une infinité de variantes, toutes sensorielles, d'images hallucinées du désir.

*

*   *

Quatrième leçon

Le Fantasme

Le propre de l'analyse

Le psychanalyste et le Ça

Clinique du fantasme

La matrice formelle du fantasme

Le corps : foyer de jouissance

Les yeux du voyeur

Le pied du danseur

L'analyste fonctionne dans
l'analyse comme représentant
de l'objet a.

J. Lacan

Reprenons le fil de notre développement sur l'objet *a* en situant sa fonction dans cette formation psychique si présente dans la clinique qu'on appelle fantasme. Mais auparavant, une question s'impose : pourquoi, me direz-vous, privilégier ainsi l'objet *a* ? Nous sommes essentiellement intéressés par l'objet *a* pour tenter de cerner la fonction radicale du psychanalyste dans une analyse. Mon souci est de montrer la valeur de la proposition de Lacan, quand il situe l'analyste à la place de l'objet *a* dans l'expérience de la cure, et, corrélativement, de bien préciser ce qui spécifie la relation analytique par rapport à toute autre relation transférentielle. Disons tout de suite que le propre de l'expérience analytique réside dans la position singulière de l'analyste en tant qu'objet *a*.

La spécificité de l'analyse

En fait, il existe non pas un trait spécifique, mais deux qui caractérisent l'analyse et la détachent des autres liens sociaux. Le premier, je viens de le dire, c'est le rôle particulier du psychanalyste, le second, c'est la parole particulière de l'analysant. Chacun de ces traits correspond aux deux piliers fondamentaux de la psychanalyse, l'inconscient et la jouissance : la parole de l'analysant relevant de l'inconscient, et le rôle de l'analyste relevant de la jouissance.

Voyons d'abord quelle est cette particularité de la parole analysante qui spécifie l'analyse à l'égard des autres relations transférentielles. Pour cela, imaginons un fidèle qui se confesse à un prêtre, et demandons-nous quelle différence il y a entre une parole adressée au confesseur et une parole adressée à l'analyste. Je livrerai, avec Freud, la réponse suivante : le fidèle dans le confessionnal confie au prêtre tout ce qu'il sait, alors que le patient confie à son psychanalyste tout ce qu'il sait ainsi que *tout ce qu'il ne sait pas*. Je pense ici à une analysante qui, avec ces mêmes mots, annonçait à son analyste : « Il y a tout ce que je sais et que j'espère pouvoir vous dire ; et puis, tout ce que je ne sais pas et qui viendra se dire. » En effet, la spécificité d'une analyse réside, rappelons-le, dans l'événement d'un dit énoncé par le patient *sans savoir* ce qu'il dit. Cet événement, nous l'avons déjà souligné, met en acte l'inconscient. Or, pour qu'un tel événement signifiant se produise, il a fallu sans doute la prémisse incontournable d'une écoute. D'une écoute en attente de l'événement et de la parole de l'analysant supposant cette écoute.

Tout en me paraissant éclairante, cette réponse demeure cependant insuffisante. Il existe encore un second trait essentiel qui particularise la relation analytique et la distingue de tout autre lien transférentiel engagé avec un prêtre, un professeur ou un leader. Ce trait relève de la jouissance et consiste précisément dans le mode d'action du psychanalyste et dans la place particulière d'objet *a* qui doit être la sienne afin d'écouter avec une écoute génératrice d'événements. Je m'explique. Le psychanalyste n'est pas un partenaire qui me gouverne comme un leader, qui m'enseigne comme un professeur, ou qui me confesse comme un prêtre, mais un autre, résolument singulier, qui au fur et à mesure du déroulement d'une cure deviendra partie intégrante de ma vie psychique. Paradoxalement, la relation analytique cessera progressivement d'être une relation entre deux personnes pour devenir un unique lieu psychique qui inclut conjointement analyste et analysant, mieux encore, le lieu de l'entre-deux qui renferme et absorbe les deux partenaires analytiques. Aussi l'analyse est-elle un seul lieu qui contient la vie psychique de l'analyste et de l'analysant.

Or, dans ce lieu unique, sorte d'unique appareil psychique qu'est devenue la relation entre deux personnes, le rôle de l'analyste peut se comprendre comme celui de la pulsion dans le fonctionnement mental. En d'autres termes, une fois admis que le

L'analyste, semblant de l'objet a

lien entre analyste et analysant s'organise comme un immense et unique appareil psychique, la place du psychanalyste correspondrait alors à la place réservée à l'objet de la pulsion. Freud aurait ainsi identifié le rôle du psychanalyste à celui de l'objet de la pulsion au service du Ça, nom qui désigne justement le réservoir pulsionnel *. Lacan, quant à lui, cerne plus précisément ce territoire pulsionnel, en distinguant les trois types de jouissance que nous connaissons : la jouissance de l'Autre, la jouissance phallique et le plus-de-jouir. Or, le psychanalyste, ou mieux, la fonction analytique correspond parmi ces catégories à celle du plus-de-jouir, ou pour reprendre les termes de cette leçon, à celle de l'objet *a*. Bien entendu, dès que l'analyste occupera cette place de l'objet, il adoptera nécessairement une écoute caractérisée. Je pense par exemple à une certaine façon qu'a le psychanalyste de faire silence, à des moments bien

---

* Afin d'illustrer les ruses du moi pour séduire le Ça, Freud prend curieusement l'exemple du comportement du psychanalyste dans une cure. Il rétablit un parallèle étonnant entre l'analyste et le moi, tous deux vis-à-vis du Ça ; le premier, pour assurer le transfert, le second pour assurer la médiation entre le monde extérieur et le Ça. Voici ce qu'il écrit : « Le moi se comporte comme l'analyste dans une cure analytique, en se recommandant lui-même au Ça comme objet de libido, et en essayant de dériver sur lui sa libido. Il [le moi ou l'analyste] n'est pas seulement l'assistant du Ça mais aussi son valet obséquieux, qui quémande l'amour de son maître ; (...) il n'est que trop souvent soumis à la tentation de devenir complaisant, opportuniste et menteur, un peu comme un homme d'État dont les vues sont justes mais qui veut gagner les faveurs de l'opinion publique. » (*Le Moi et le Ça*, Payot, 1981, p. 272).

Faire silence, c'est rester en consonance avec le silence de la jouissance

particuliers de la cure. Pas n'importe quel silence, mais un silence compact, qui évoque la densité du plus-de-jouir, un silence dynamisant qui cause et relance l'inconscient. Nous retrouvons ici la fonction même du trou qui assure la mobilité de la structure. Cette forme de silence ainsi que d'autres comportements du praticien, attestent qu'il est en position d'objet *a*. On aurait pu formuler cette même idée en employant l'expression de *semblant d'objet* a, et avancer qu'il y a analyse quand telle conduite de l'analyste est un semblant de *a*, c'est-à-dire que par son comportement il représente la jouissance (plus-de-jouir) dans la cure. En allant plus loin, on devrait même dire que dans une cure, l'analyste représente l'énergie orificielle, le flux de jouissance permanente qui sillonne le bord des orifices érogènes. Bref, l'analyste en position de *a* représente l'énergie qui fait travailler l'inconscient, ou si l'on veut, l'hétérogène qui cause et fait consister l'ensemble.

*

En somme, si nous devions résumer le trait qui spécifie l'analyse par rapport à toute autre relation transférentielle, nous dirions que du point de vue de l'analysant, le propre de l'analyse réside dans le fait que le sujet est dépassé par le signifiant qu'il produit — cela relève de l'inconscient — ; et du point de vue du praticien, dans le fait que le psychanalyste adopte la position de semblant de l'objet *a* dans la cure — cela relève de la jouissance.

*

*   *

Venons-en à présent à la question du fantasme, terme que nous avons mentionné toutes les fois où nous avons parlé de l'identification du sujet à l'objet *a*. Mais avant de dégager la portée *clinique* des formations fantasmatiques et le mécanisme de leur genèse, rappelons rapidement nos propos de la dernière leçon. Pour que telle partie du corps prenne le statut d'objet du désir, nous avions établi les trois conditions du détachement objectal (prégnance imaginaire, bords érogènes et double demande), et nous avons montré ensuite comment se créait l'objet du désir en tant qu'objet halluciné. C'est là, dans le fait même de l'hallucination que se produit le mécanisme formateur de tout fantasme : le sujet devient objet.

*

Pour trouver l'objet a *dans la cure ...*

Avant de préciser la logique qui sous-tend le fantasme, j'aimerais poser la question : comment se présente concrètement un fantasme dans la clinique ? Supposons qu'un praticien, au cours d'une séance de supervision, me consulte : « Je voudrais que vous m'indiquiez, dans le récit de mon patient, où repérer l'objet *a*. » En principe, je devrais répondre : « Puisque l'objet *a* représente une valeur abstraite et formelle, désignée par une lettre, il est forcément insaisissable et par conséquent je ne saurais vous l'indiquer. » Mais la réplique correcte aurait été autre : « Si vous voulez repérer l'objet *a* dans telle séquence d'analyse, commencez par chercher le fantasme. Demandez-vous quel est le fantasme de votre patient à cette phase de la cure, et vous aurez cerné la place de l'objet *a*. » Car au-

... cherchez le fantasme inconscient

delà de son statut formel, l'objet *a* trouve essentiellement son expression clinique dans le fantasme. Cependant, ce n'est pas encore une bonne réponse. Pour répondre de façon adéquate, il aurait fallu qualifier le fantasme d'inconscient. Pour Freud, le fantasme était aussi bien conscient qu'inconscient à la manière d'une formation psychique en constant mouvement. Il l'appelait le « noir-blanc » pour montrer que le fantasme change sans cesse de registre dans un va-et-vient entre le conscient et l'inconscient. Or, on peut constater que généralement, le fantasme demeure inconscient.

Si nous reprenons l'interrogation de notre analyste en supervision, la bonne réponse enfin aurait été : « Pour repérer l'objet *a* dans une séance d'analyse, commencez par repérer le fantasme inconscient. » « Mais, me diriez-vous, comment déceler concrètement le fantasme inconscient dans une cure ? Quels sont les indices qui permettent au praticien de repérer un fantasme inconscient ? » Et vous auriez raison de vous référer à des repères, non seulement pour reconnaître le fantasme inconscient, mais aussi pour le reconstruire. Cependant, avant de ponctuer les indices de la présence du fantasme dans une cure, je voudrais vous rappeler que sous le terme général de fantasme se rangent différents types de productions fantasmatiques dont les fantasmes originaires ; d'autres, plus circonstanciels, rattachés à telle phase de la cure ; et surtout, celui qui est rarement mentionné en tant que fantasme : le transfert lui-même.

Comment reconnaître un fantasme inconscient dans la cure ?

Cela étant, comment reconnaître l'expression d'un fantasme inconscient dans la cure, et en le reconnaissant, le reconstruire ? Pour vous répondre, je vous propose les repères suivants :

• Un fantasme comporte : une scène, des personnages — en général peu nombreux — une action, un affect dominant et la présence sur la scène d'une partie définie du corps.

• Le fantasme s'exprime non seulement à travers le récit de l'analysant, mais parfois dans ses actions, ses rêves et ses rêveries.

• Le fantasme s'exprime à travers un récit ou une action qui se répète et reste généralement inoubliable. Il se répète dans le cadre d'une séance, de plusieurs séances d'analyse, voire au cours de la vie du sujet.

• Il s'agit d'un scénario que l'analysant détaille minutieusement mais qu'il tient pour *énigmatique*. Il en décrit tous les aspects, il sait qu'il est intimement concerné et il reconnaît même l'émotion que ce fantasme suscite en lui. Son fantasme est parfois la stimulation nécessaire, le déclencheur qui permet d'obtenir le plaisir d'un orgasme. Malgré son implication, le sujet vit le fantasme comme un élément greffé qui s'impose à lui et se répète hors de sa volonté.

• Il s'agit d'un récit qui dépeint une *scène* imagée avec ses lieux, ses couleurs, son temps, sa lumière et ses sons.

• Il convient de repérer les *personnages* de la scène où se déroule l'action : adulte-enfant, enfant-animaux, thérapeute-enfant... et de demander à l'analysant si il s'y trouve, et quel est son rôle : celui d'être protagoniste ou spectateur de l'action.

• Il convient aussi de situer l'*action* principale qui se déroule, en relevant surtout le *verbe* que l'analysant emploie dans son récit pour décrire cette action. Le fantasme est toujours coiffé par une phrase organisée autour d'un verbe aisément repérable dans le récit du patient. Par exemple, le verbe « battu » dans le célèbre fantasme « on *bat* un enfant », ou le verbe « mordre » dans « l'enfant est *mordu* par le chien », etc. Notons déjà que du point de vue formel, le verbe de la phrase désignant l'action fantasmatique, matérialise le signifiant que nous avons déjà identifié comme étant le bord des orifices érogènes, ainsi que le tracé de la coupure de la double demande. Le verbe dans la phrase du fantasme représente en effet la coupure entre le sujet et l'objet, il est le signifiant séparateur et rassembleur du sujet et de l'objet.

• Il convient encore de dégager l'*affect*, c'est-à-dire l'émotion ou la tension, qui prédomine dans l'action principale et qui traverse les personnages. De quel affect l'action est-elle chargée ? Précisons tout de suite que cet affect n'est pas l'équivalent de la jouissance (plus-de-jouir) qui, en général, n'est pas ressentie, même si elle est le moteur inconscient de l'action fantasmatique. A cet égard, ne confondons pas trois plans différents où le sujet est affecté : une chose est le plus-de-jouir qui cause inconsciemment le fantasme ; une autre, l'affect ou l'émotion qui est vécu par les personnages et domine la scène fantasmatique ; et une autre chose encore, le plaisir ou la peine que l'apparition même du fantasme provoque dans la personne de l'analysant.

• Afin de repérer la jouissance inconsciente en jeu dans l'action — différente de l'affect ressenti par le protagoniste — considérer alors, quelle est la *partie délimitée du corps* qui intervient dans l'action. Cette jouissance a le statut de l'objet *a*. Nous retrouverons plus loin la place de cet objet quand nous aborderons la logique du fantasme centrée autour de l'identification du sujet à l'objet.

• La trame de l'action se déroule comme un *scénario pervers*. Mais plutôt qu'une intrigue qui se noue et se dénoue, il s'agit d'un tableau vivant, d'un arrêt sur image où l'action se limite à quelques gestes de nature perverse. Remarquons que la perversité contenue dans le fantasme n'est pas assimilable à la perversion considérée comme une entité clinique.

• L'apparition du fantasme et son contenu pervers sont vécus par l'analysant comme une pratique honteuse qu'il faut garder secrète. C'est pour cette raison que les fantasmes ne sont généralement rapportés que très tard au cours d'une analyse.

*

Bref, les indices qui permettent de déceler un fantasme inconscient, à un moment donné d'une cure, sont : la répétition du récit ; le caractère énigmatique et surprenant du scénario qui s'impose au sujet ; les personnages de la scène ; l'action dépoyée ; l'affect dominant ; la partie du corps engagée ; et enfin le scénario pervers.

*

*   *

Car ces objets, (...) le sein, l'excrément, le phallus, le sujet les gagne ou les perd sans doute, en est détruit ou les préserve, mais surtout il est *ces objets, selon la place où ils fonctionnent dans son fantasme fondamental (...)*

J. Lacan

La logique du fantasme

Venons-en maintenant à la logique qui sous-tend le fantasme, et essayons de répondre à la question : quels sont la structure, le mécanisme et la fonction d'un fantasme inconscient au cours d'une cure analytique ?

Remarquons d'abord que la matrice formelle d'un fantasme est composée essentiellement de quatre éléments : un sujet, un objet, un signifiant et des images. L'ensemble de ces éléments s'ordonne, nous l'avons dit, selon un scénario précis, en général pervers, et s'exprime à travers une phrase du récit du patient.

Le mécanisme principal organisateur de la structure fantasmatique est l'identification du sujet devenu objet. Si nous reprenons notre commentaire du passage où Freud parle de l'enfant et du sein, nous situerons le fantasme au troisième moment, celui où Freud nous dit que l'enfant ayant perdu le sein, devient le sein même. Dire que l'enfant non seulement perd le sein mais le devient, ou que le voyeur par exemple, non seulement regarde, mais se fait regard, est le meilleur moyen de comprendre ce que signifie le fantasme. Notons que la distinction entre le moment de séparation de l'objet et le moment de l'identification du sujet à l'objet, est une distinction purement théorique. Dans la pratique, nous devons reconnaître que la chute de l'objet se produit dans le même mouvement que l'identification du sujet avec l'objet du désir. En fait, il n'y a pas de véritable perte sans que le sujet s'identifie avec ce qu'il perd. Du point de vue psychanalytique, nous sommes, dans le fantasme, ce que nous perdons.

Dans le fantasme, nous sommes ce que nous perdons

Si nous reprenons l'exemple du trajet de la double demande orale (figure 6), qui, à la manière d'une coupure, détache le sein, nous retrouvons trois temps. D'abord la première boucle de la demande de l'enfant à la mère : « J'ai faim. » Puis la deuxième boucle de la demande de la mère à l'enfant : « Laisse-toi nourrir, mon enfant. » Et enfin, troisième temps : celui de l'identification. Une fois le sein séparé et institué comme objet du désir, le sujet s'y identifie. Le fantasme est alors constitué. Le sujet devient objet oral, ou plutôt l'enfant devient le sein qui s'offre maintenant à la dévoration de l'Autre. La phrase de ce troisième temps devient : « Mange-moi, mère. » L'identification du sujet au sein constitue donc la clé du fantasme oral cannibalique. Bien entendu, ce fantasme oral comme toutes les autres variantes du fantasme, anal, sado-masochiste, etc., nous intéresse pour comprendre non seulement le rapport mère/enfant, mais surtout la dynamique du transfert considérée comme la dynamique même du fantasme. Combien de fois voyons-nous surgir chez l'analysant ce fantasme d'être dévoré par son analyste ou de le dévorer !

La dynamique du transfert est la dynamique du fantasme

Je me souviens aussi de ce patient adulte qui confiait à son analyste : « Je dois vous le dire, ce n'est pas facile, mais ce que je veux, et cela depuis un certain temps, c'est de vous avoir à l'intérieur de moi, de vous dévorer. » Le fantasme « Je voudrais vous manger » aurait pu être interprété comme la fixation de ce patient au stade oral. Or, cette façon de traiter le problème ne nous aurait pas fait avancer. En revanche, si nous revenons à la situation de cet analyste en contrôle me communiquant une semblable parole de son analysant : « J'aimerais vous dévorer », je lui aurais répliqué : « Vous m'avez demandé où repérer l'objet *a* dans l'analyse ? Eh bien, l'objet *a* dans l'analyse est au centre du fantasme de dévoration et prend ici le nom de sein. »

$ ◆ a le sujet disparaît derrière l'objet

Ce moment où le sujet se fond avec l'objet détaché, en donnant son armature au fantasme, Lacan le formalise avec la notation de $ ◆ *a*. Affirmer que le sujet *est* l'objet signifie que l'agent du fantasme, je veux dire l'élément organisateur de la structure fantasmatique n'est pas la personne propre de l'enfant ou de l'analysant. Le fantasme n'est pas l'œuvre de quelqu'un, mais le résultat à la fois de l'action de l'objet et de la coupure du signifiant. L'objet *a* est la cause motrice du fantasme et le signifiant (représenté par le ◆) en est la cause efficiente. En d'autres termes, le moteur du fantasme est un noyau de jouissance autour duquel s'organise la mise en scène fantasmatique. Disons-le d'une autre manière encore : quand un analysant laisse transparaître, à travers son récit ou ses actions, le bâti d'un fantasme, n'hésitons pas à conclure que le sujet de ce fantasme, ce n'est pas lui, le patient, mais l'objet du désir et le signifiant (verbe) qui marque la place de cet objet.

Aussi peut-on affirmer que le fantasme est une manière de jouir, le bâti dressé autour du plus-de-jouir. Le patient qui confie à son analyste « Je vous mangerais », est un être habité par un fantasme oral. C'est-à-dire que sa jouissance locale porte le nom de sein et que le sujet de cette expérience fantasmatique est à la fois jouir et signifiant qui marque le jouir. Le sujet en question est le sujet de l'inconscient, c'est-à-dire le sujet, effet de l'expérience inconsciente de produire ce fantasme, et non pas la personne qui livre ses sentiments. Bien entendu, la structure du fantasme $ ◆ *a*, conjonction/disjonction entre le sujet de l'inconscient et l'objet *a*, est une matrice formelle que nous pouvons animer en assignant, à chacune de ces deux places alternantes, l'un ou l'autre des deux partenaires analytiques. Par conséquent, quand l'analysant énonce « Je vous mangerais », l'objet *a* du désir, le sein, est en cette circonstance représenté par l'analyste. L'analyste y est à la place de la jouissance locale dominante. Inversement, il peut arriver que ce soit l'analysant qui joue le rôle d'objet dévoré par l'analyste. Rappelons que Lacan a particulièrement élaboré l'articulation logique des termes du fantasme dans le cadre de la topologie en utilisant la surface topologique dite plan projectif ou cross-cap[18]. Cet objet topologique se prête admirablement bien pour montrer comment les deux termes de sujet de l'inconscient ($) et d'objet (*a*) se relient et se séparent, se conjoignent et se disjoignent par l'intermédiaire d'un signifiant faisant office de coupure. Rappelons que nous repérons cliniquement ce signifiant sous la forme concrète de la phrase qui dit un fantasme, et tout particulièrement à travers le verbe qui indique l'action.

*

*   *

Quel rapport existe-t-il entre l'hallucination et le fantasme ?

Les formations de l'objet a

Freud n'a jamais distingué nettement les structures du rêve, du fantasme et de l'hallucination. Il reconnaissait ne pas pouvoir différencier vraiment ces trois formations psychiques. Il les rassemblait sous l'appellation de « psychoses hallucinatoires de désir ». Pour moi cette dénomination est extrêmement intéressante, car grâce à elle Freud rompt avec la fausse intuition de reléguer la psychose dans un monde à part. Cette belle expression « psychose du désir » nous place dans un secteur indéterminé où devant un rêve, une hallucination ou un fantasme, la psychose reste présente. Ces productions psychiques — fantasme, hallucination et rêve — je les ai baptisées *« formations de l'objet* a », en résonance avec l'expression lacanienne de « formations de l'inconscient ». Pourquoi les appeler formations de l'objet *a* ? J'essaie de regrouper sous une même dénomination des productions psychiques différentes mais formées selon un mécanisme commun : le sujet se fait l'objet qu'il perd.

L'objet a *comme objet du désir dans le fantasme prend différentes formes corporelles. Quelle est alors cette notion plus générale de corps qui sous-tend cette vision de l'objet ?*

Synthèse de vues sur l'objet a

D'abord, en un premier temps, je voudrais situer les différentes approches de l'objet *a*. Au fond, l'objet *a* peut s'envisager du point de vue formel, comme le *trou* dans la structure — la constellation des concepts frères étant l'*Un* et l'ensemble. L'objet peut aussi s'envisager du point de vue énergétique, comme le *plus-de-jouir* — la constellation des concepts frères étant les deux autres catégories de la jouissance et de l'inconscient structuré comme un langage. Il peut encore s'envisager du point de vue de son statut d'objet du désir, noyau du fantasme, comme étant un éventail de *formes corporelles* (sein, douleur, etc.) — la constellation des concepts étant le besoin, la demande, le désir et le fantasme. Et enfin, du point de vue de la pratique, l'objet peut s'envisager comme la *place motrice de la cure*, occupée par le psychanalyste — la constellation des concepts frères étant le semblant et l'interprétation.

*

Le corps est le lieu de la jouissance

Venons-en maintenant à votre question sur le corps en général. Qu'est-ce que le corps pour la psychanalyse ? Le corps pour le psychanalyste n'est pas le corps de l'anatomiste, du physiologiste, ou du biologiste, ni même celui du philosophe. Le corps pour le psychanalyste est d'après Lacan le lieu de la jouissance. Rejetons-nous pour autant la conception biologique ou philosophique du corps ? Non. Sommes-nous ignorants, par exemple, du fait qu'il existe des altérations biochimiques dans la psychose maniaco-dépressive ? Non, mais ce ne sont pas là nos préoccupations. Nos questions sont tout autres. Si j'ai devant moi un patient maniaco-dépressif, par exemple, mon interrogation portera sur la relation que sa psychose entretient avec la douleur, avec le deuil, ou encore avec la perte. Comment traite-t-il sa maladie — « traiter » dans le sens de ressentir sa propre souffrance, d'écouter les voix surmoïques et les autoreproches qu'il s'adresse ? Quel que soit le substrat organique d'une maladie mentale, s'impose incontournable la dimension symbolique dans laquelle le patient expliquera ses souffrances et produira ses rêves. Le rêve, avec sa symbolique, demeurera toujours comme un appel pressant à être entendu, même si l'on découvre un jour l'origine chimique de la vie onirique. Non, le corps qui nous intéresse n'est pas celui de la science, mais le lieu dans lequel on jouit, l'espace dans lequel circule une multiplicité de flux de jouissances.

Donc, notre question ne peut pas être celle trop générale : « Qu'est-ce que le corps ? », mais plutôt : « Comment jouit-on ? » La question du psychanalyste serait : « Comment mon analysant souffre-t-il ? », « Comment se satisfait-il ? », et plus directement : « Où est la jouissance ? » Formuler ainsi la question du corps montre déjà mon engagement dans le transfert, et inversement, ma position analytique se définira suivant la manière d'interroger le corps en tant que lieu de jouissance. Et ceci, sans exclure par ailleurs qu'à l'occasion je sois amené à m'intéresser aux troubles somatiques qui peuvent éventuellement se présenter au cours de la vie d'un patient. Ce n'est pas parce que nous sommes des psychanalystes que nous négligeons les accidents corporels dont souffrent éventuellement nos patients.

A la question : « Où est la jouissance ? », je répondrais qu'un des meilleurs exemples du corps qui jouit serait le corps exposé à l'épreuve maximale d'une douleur intense. Entendons-nous : la jouissance n'est pas le plaisir, mais l'état au-delà du plaisir ; ou pour reprendre les termes de Freud, elle est une tension, une tension excessive, un maximum de tension, alors qu'à l'opposé, le plaisir est un abaissement des tensions. Si le plaisir consiste plutôt à ne pas perdre, ne rien perdre et dépenser le moins possible, la jouissance, elle, au contraire, se range du côté de la perte et de la dépense, de l'épuisement du corps porté au paroxysme de son effort. C'est là que le corps apparaît comme substrat de la jouissance. C'est précisément dans cet état d'un corps qui se dépense, que la théorie analytique conçoit le jouir du corps.

Les yeux du voyeur

Prenons le cas du voyeur qui, dissimulé derrière les arbres, guette en pleine nuit les couples enlacés et jouit ainsi du regard. En véritable voyeur, non seulement il jouit des yeux, mais il fait aussi le nécessaire pour que le couple s'aperçoive de sa présence, et, indigné, le couvre d'injures et lui jette des pierres. Cet aspect est fondamental. Il n'est de voyeurs que masochistes. L'intrus regarde, tout en espérant être démasqué et jouir autant du regard que de la douleur de l'humiliation. Sans la présence de cette humiliation qui, en général, ponctue le ratage du scénario pervers, soyons-en sûrs, le sujet ne peut pas être qualifié de pervers. Il serait plutôt un névrosé qui joue à être pervers.

Le névrosé rêve d'être pervers

A ce propos, je voudrais dissiper un malentendu assez tenace qui identifie le pervers à un névrosé jouissant d'un fantasme à contenu pervers. Car, en effet, tous les névrosés rêvent et fantasment d'être pervers sans jamais y parvenir. Si le névrosé vit des fantasmes pervers, le pervers, lui, met en acte concrètement ces fantasmes, mais sans pouvoir les réaliser. Si l'un rêve, l'autre met en acte le rêve jusqu'à l'échec. Le pervers est donc celui qui met en œuvre jusqu'à l'échec humiliant, le fantasme pervers du névrosé. Avec le ratage et l'humiliation, le pervers s'angoisse, se déprime et se sent ridicule, le plus idiot du monde. Sans doute, il y a dans les comportements pervers quelque chose de douloureusement comique. Si le névrosé fait sourire parce qu'il joue, impuissant, à être pervers, le pervers lui aussi prête à rire quand on voit s'écrouler comme un château de cartes toute l'opération qu'il a soigneusement mise en place. C'est là qu'il jouit d'être rabaissé de manière avilissante, et trouve sa satisfaction dans la douleur masochiste.

Mais alors où localiser la jouissance perverse ? Quand le voyeur jouit du regard (plus-de-jouir) ou souffre l'humiliation (plus-de-jouir), son corps est à la tension maximale et se dépense jusqu'à tout perdre. Il perd la vision et toute sensation organique comme si son corps était absent. Quand il regarde, il perd la vue, et quand il essuie l'échec mortifiant, il perd la sensibilité cénesthésique de son corps. Lorsque nous avions proposé la formule « la coupure produit un détachement », nous pensions à cet exemple de la perversion dans laquelle le corps traverse, au niveau des yeux et des muscles, l'épreuve maximale du jouir. Que le corps « jouisse » équivaut à dire que le corps « perd ». Remarquons que la zone érogène relative au regard ce sont les paupières, et celle relative à la douleur, c'est l'ensemble des sensations corporelles et en particulier musculaires.

Le pervers traque la jouissance de l'Autre

Notons par ailleurs que notre exemple se prête parfaitement bien pour illustrer aussi cette catégorie de la jouissance qu'est la jouissance de l'Autre. La jouissance hors mesure est incarnée, dans ce même exemple du voyeur, par la jouissance absolue que le pervers veut capter dans l'image du couple surpris faisant l'amour. Pour le pervers, l'Autre jouissant est le couple enlacé dans une extase délicieuse. A ce propos justement, la différence entre le névrosé et le pervers n'est pas seulement que l'un rêve de jouir et que l'autre met en acte la jouissance (plus-de-jouir), mais surtout que celui-là (le névrosé) suppose la jouissance de l'Autre comme une jouissance impossible, tandis que celui-ci (le pervers) la tient pour réalisable. Le névrosé imagine la jouissance de l'Autre et la suppose vaguement, d'après diverses figures, telles que la mort, le bonheur suprême ou la folie. Le pervers, lui, est différent, il n'imagine pas la jouissance, mais il la cherche, la traque et croit possible de la capter. Quand il guette, derrière un arbre, le voyeur veut saisir l'extase des amants sans pour autant avoir aucune image préalable en tête.

*

Nous comprenons donc combien le corps pour l'analyste se réduit fondamentalement à des jouissances partielles — dans notre exemple, le regard ou la douleur masochiste — polarisées autour de leurs zones érogènes — les paupières et les muscles. C'est bien pour cela que les questions que le psychanalyste se pose face au corps sont : « Quel est le rapport du corps avec la jouissance ? » ou bien : « Comment le corps jouit-il ? » ou plus exactement : « Quelle partie du corps jouit-elle ? » Ces questions me rappellent une anecdote personnelle à un moment où je travaillais déjà ce thème de la jouissance. J'en étais arrivé à la conclusion que la question de l'analyste devait se formuler par : « Où donc, dans un corps, repérer la jouissance ? »

Où, dans un corps, repérer la jouissance ?...

A cette époque j'avais assisté avec un ami, psychanalyste lui aussi, à un magnifique ballet, *L'Après-Midi d'un faune*, interprété par un couple remarquable de danseurs italiens, Paolo Bortoluzzi et Carla Fracci. Lors d'une séquence d'une intense beauté, Bortoluzzi se tient à la barre et, dans un lent battement pendulaire, il lève le pied gauche vers l'avant et vers l'arrière en effleurant à peine le sol. Dans la simplicité de ce mouvement, j'ai eu l'impression que le danseur atteignait la plénitude de son art. La jambe semblait tracer avec la pointe du pied une écriture éblouissante de légèreté. Cette figure m'est apparue comme le moment culminant du ballet. En sortant du théâtre, j'ai proposé à cet ami de nous livrer au jeu de nous demander, en tant qu'analystes, où, dans ce spectacle, y avait-il eu jouissance. Notre première réaction fut de nous dire que la jouissance était, à n'en pas douter, dans le regard des spectateurs, à commencer par nous-mêmes. Il aurait fallu par ailleurs discuter si la fascination des spectateurs appartenait à la dimension du voir ou du regard, du plaisir de la vision ou de la jouissance de regarder. A ce propos, notons que le voyeur pervers, dont je viens de parler, regarde mais ne voit pas. Je ne saurais pas dire si nous, spectateurs, nous étions sous l'effet du plaisir ou de la jouissance, si nous voyions ou si nous regardions, mais en tout cas notre interrogation demeurait insistante : « Où situer la jouissance dans ce spectacle de ballet ? » Si nous ne la rencontrions pas chez les spectateurs, elle devait alors émaner des corps des danseurs eux-mêmes. Mais sous quel aspect du corps ? Nous nous sommes quittés sans réponse, mais en arrivant chez moi, je

... dans le pied du danseur

me suis de nouveau surpris à reprendre la question. M'est apparue enfin une remarque que j'ai écrite la nuit même, dans une lettre adressée à cet ami. Je crois, lui disais-je, avoir trouvé le lieu de la jouissance dans le ballet : c'est, curieusement, le pied de Bortoluzzi. Pourquoi le pied ? Pour deux raisons. D'abord parce que lors de la séquence à mes yeux culminante, le pied du danseur concentrait toute la tension du corps en équilibre. Et puis, parce que Bortoluzzi avait tellement travaillé son corps et s'en était tellement servi, tant de vie était passée sur ce fragment de corps — imaginez la discipline et la rigueur de cet homme qui de plus était déjà un artiste confirmé — que je n'hésitais pas à écrire que Bortoluzzi avait perdu ce pied, que du point de vue de la jouissance, il s'en séparait sans cesse. Le pied était devenu le lieu du corps qui n'appartenait déjà plus vraiment au danseur.

M'interroger sur la localisation de la jouissance dans un spectacle de danse m'a beaucoup servi pour comprendre ce que signifie perdre quand on a vécu. La perte, dans notre exemple, ne se situe pas au niveau primaire du rapport nourrisson-mère, mais dans un ordre relatif à la sublimation et à l'art. Pour comprendre la jouissance, nous nous servons ici du même « appareillage » conceptuel, mais à un autre niveau. La coupure signifiante est dans notre exemple représentée non pas par la demande, mais par la discipline du corps du danseur, par l'assouplissement extrême, par les mille et une fois où ce corps a dû se forcer afin de saisir le point exact et harmonieux où le pied effleure le sol avec art. Vous remarquerez grâce à cet exemple du danseur que l'incidence signifiante sur le corps ne prend pas nécessairement la forme d'une parole énoncée ou d'une demande formulée. L'incidence signifiante est représentée ici par la discipline à laquelle doit se soumettre le corps de l'artiste. La répétition signifiante ce sont les heures innombrables, les jours passés, le travail incessant qui ont produit la perte du pied du danseur.

*

De la jouissance, le sujet est exclu

Nos propos nous amènent à la conclusion suivante. La question adéquate ne serait pas : « Qui jouit ? » mais : « Quelle chose jouit en nous, quelle partie du corps jouit-elle ? » Une fois parvenus à cette idée : le corps est le lieu de la jouissance, posons-nous maintenant la question : « Le sujet s'aperçoit-il qu'il jouit ? » A l'instar de l'inconscient, qui fait parler le sujet à son insu, la jouissance le bouleverse sans qu'il perçoive où il est touché. Il y a une souffrance du corps, propre à un danseur comme Bortoluzzi, qu'il ne saurait bien mesurer, et qui se condense dans ce geste sublime du mouvement du pied. Nous pouvons toujours reconnaître la sensation de plaisir, mais non la mesure de ce que l'on perd. Nous ne saurons jamais reconnaître ni mesurer le degré de l'épreuve à laquelle le corps est soumis. C'est-à-dire qu'on peut ressentir le plaisir mais non mesurer la jouissance. Et ceci nous permet de rappeler une proposition de la première leçon : de la jouissance le sujet est exclu.

*

Toujours à propos de la jouissance, comment pourrait-on penser la jouissance dans le suicide ?

Quelle sorte de suicide ? Car il y a plusieurs types de suicide : le suicide hystérique, mélancolique, schizophrénique, ou d'autres encore. Le sujet mélancolique, par exemple, se tue d'une manière totalement différente de l'hystérique. En général le suicide d'un hystérique, ce n'est pas un acte, mais une action qui dépasse l'intention du sujet, comme si celui-ci était allé beaucoup trop loin, plus loin qu'il ne l'aurait voulu. Un suicide-acte, par contre, est un suicide où le sujet fait le pas et franchit effectivement le seuil de la jouissance-Autre. Il pose un acte et traverse l'ultime frontière. Mais détrompons-nous, tout suicide n'est pas un saut franchissant une limite. La place de la jouissance sera distincte selon les variantes cliniques de l'action suicidaire. C'est pour cette raison que je vous demandais : quelle sorte de suicide ?

Celui que vous considérez comme un acte.

L'acte suicidaire

D'abord rappelons-nous que pour savoir à quel genre de suicide nous avons affaire, il convient d'examiner le mode particulier qui a conduit à la mort. C'est à partir de la manière de se donner la mort, par pendaison, par arme blanche, par arme à feu ou par intoxication, etc., qu'on peut reconnaître après coup le genre de souffrance qui appelait à la mort. Cependant, nous ne saurons jamais donner un sens précis à un acte aussi radical que le suicide. Afin de répondre à votre question, la seule affirmation que nous nous risquerions à avancer, c'est que le suicide d'un écrivain comme Mishima, ou Montherlant, par exemple, est un acte par lequel ils ont franchi la frontière d'une jouissance sans mesure. Ils ont touché la limite d'une jouissance différente de celle localisée à des parties, à des regards, au sein, à la douleur, etc. Quand il s'agit du suicide-acte, nous ne sommes plus dans la dimension du local et du limité, mais dans une dimension radicalement incommensurable. Cela étant, je voudrais que vous preniez ces commentaires simplement comme une approche possible du phénomène du suicide. La radicalité de l'acte suicidaire impose toujours une extrême réserve dans nos réflexions. Le cas du suicide-acte est seulement un exemple de la confrontation du sujet avec la jouissance-Autre, un exemple entre autres qui montre le sujet ouvrant la porte de ce lieu d'où nous sommes obligatoirement exilés. L'extase du mystique est encore une autre figure du dépassement du seuil de la jouissance-Autre, d'un jouir impliquant tout le corps dans une supposée rencontre divine avec Dieu.

*

Rappelez-vous nos réflexions de la première leçon. La dénomination la plus correcte pour situer l'instance de la jouissance-Autre est de la désigner comme le lieu où il n'y a pas de signifiant. C'est une définition par la négative. Si nous voulons avancer dans notre élaboration analytique, il convient de penser ce lieu comme un lieu sans nom, comme le lieu du sexe. Quel sexe ? Quand nous disons « sexe », nous ne nous référons pas au sexe génital. Non, nous parlons de la capacité maximale du corps à jouir. En d'autres mots, la psychanalyse définit l'instance première de la jouissance-Autre comme étant le lieu d'un sexe innommable, d'un sexe que nous ne saurions qualifier de féminin ou de masculin. Nous nous intéressons au corps en tant que jouissance et pourtant nous ignorons en quoi consiste précisément la différence entre la jouissance de la femme et celle de l'homme. C'est exactement le sens de la formule « Il n'y a pas de rapport sexuel ». Oui, nous pensons que le corps ne nous intéresse que comme lieu de jouissance, mais quand il s'agit de savoir ce qu'est la jouissance, ce que signifie un corps porté à l'extrême de sa capacité jouissante — la jouissance du mystique par exemple, ou bien celle inhérente au suicide en tant qu'acte — alors, nous reconnaissons l'existence de la jouissance, mais nous ne savons pas définir sa nature. Or, si la psychanalyse reconnaît l'insondable de la jouissance, elle ne se limite pas pour autant à un simple aveu d'impuissance. Si la psychanalyse se limitait seulement à déclarer « La jouissance est un mystère », elle ne serait qu'une mystique fascinée par l'abîme. Le travail de la théorie ne consiste pas seulement à déclarer « Ici il y a le réel inconnu », mais à essayer de cerner, ou mieux, d'écrire les limites du réel. La formule de Lacan, « Il n'y a pas de rapport sexuel », est justement une tentative de cerner le réel, de délimiter le manque du signifiant du sexe dans l'inconscient. « Il n'y a pas de rapport sexuel » signifie que dans notre inconscient il n'y a pas de signifiants sexuels articulés entre eux, liés par un rapport. Rappelons ceci encore, de Lacan : « D'où mon énonciation : il n'y a pas de rapport sexuel, sous-entendu : *formulable* dans la structure[19]. »

Quand l'analyse propose comme axiome que la relation sexuelle n'existe pas, cela ne veut pas dire que nous ignorons la rencontre d'amour entre un homme et une femme, ou encore la présence entre eux de jouissances partielles dites plus-de-jouir et phallique. Non. Le dicton lacanien énonce le non-rapport pour s'opposer à une certaine idée qui voudrait traduire le rapport sexuel comme le moment culminant où deux corps ne font qu'un seul. C'est contre cela que Lacan se soulève : que le rapport sexuel entre un homme et une femme forme un seul être. C'était le mythe d'Aristophane dans *Le Banquet* de Platon.

Dans l'acte sexuel, les deux partenaires se réduisent chacun à l'objet

Or, il n'est nul besoin de la pratique clinique avec nos patients pour savoir qu'en général, entre un homme et une femme, la rencontre reste inévitablement discordante. Comment jouissent l'un et l'autre ? Nous ne le savons pas. Nous savons qu'une femme jouit d'une manière différente d'un homme. Les deux corps ne peuvent faire un, car il y a une divergence de la jouissance sexuelle. Expliquons-nous. Dans un rapport sexuel effectif, l'enjeu est le rapport d'un corps avec une partie d'un autre corps. Autant l'homme que la femme jouissent chacun avec une partie du corps de l'autre. Si l'un des partenaires me contredisait en expliquant qu'il jouit avec le corps entier de l'autre, je lui répondrais : « Peut-être avec le corps entier de l'autre, mais réduit à un objet. » Souvenez-vous du « marché » proposé par Sade dans *Juliette* : « Prêtez-moi, madame, la partie de votre corps qui peut me satisfaire un instant, et jouissez, si cela vous plaît, de celle du mien qui peut vous être agréable. »

Dans un rapport sexuel concret, il ne s'agit donc pas de la jouissance du corps entier de l'Autre comme ce serait le cas du mystique qui jouit avec Dieu. En effet, quand certains mystiques disent s'être ouverts, dans leur extase, corporellement à Dieu, c'est avec leur corps tout entier qu'ils jouissent. Mais en revanche, lorsqu'il s'agit d'un acte sexuel effectif, c'est avec le corps de l'Autre réduit à un objet que l'on jouit, l'Autre réduit à l'autre. Nos questions reviennent : « Qui est l'autre ? » « Qui est le partenaire dans un rapport sexuel ? » « Au moment de l'orgasme, qui est l'autre ? » L'autre est un objet partiel. Aussi les deux partenaires se réduisent-ils chacun au statut d'objet, l'un pour l'autre.

*

*   *

Cinquième leçon

Le Corps

Corps sexuel

Corps parlant

Corps imaginaire

Un excès toxique de jouissance

La tumeur de l'œil

L'analyste ranime le sens

Comment repérer la jouissance
dans la cure ?

La fonction de l'écoute

La jouissance ne s'appréhende, ne se conçoit que de ce qui est corps De quelque façon qu'il jouisse, bien ou mal, il n'appartient qu'à un corps de jouir ou de ne pas jouir, c'est tout au moins la définition que nous allons donner à la jouissance.

J. Lacan

Certains d'entre vous m'ont demandé d'approfondir dans cette dernière rencontre la question du corps en psychanalyse. Or, vous vous êtes rendu compte que même si je ne lui ai pas consacré toute une leçon, le concept psychanalytique de corps a marqué l'ensemble de notre séminaire et plus particulièrement les développements où j'ai traité les notions d'objet *a*, de désir et de jouissance.

Mais avant de commencer, je voudrais faire une remarque préliminaire concernant la relation du psychanalyste avec la théorie. Ces journées de travail, vous l'avez senti, ont été placées sous le signe de notre rapport à la théorie. Or, qu'est-ce en fait que la théorie pour nous ? La place de la théorie chez l'analyste, disons-le en un mot, c'est la place de la vérité. Cela ne signifie pas que la théorie dise la vérité, mais plutôt qu'elle opère une fonction de vérité. C'est-à-dire qu'elle détermine en nous, consciemment ou inconsciemment, un mode particulier d'action analytique. Je pourrais par exemple vous exposer très clairement l'articulation de la jouissance et du corps ; nous développerions très en détail ces notions et pourtant, il se pourrait que demain, installés dans vos consultations, confrontés au travail avec vos patients, ces notions que nous aurions étudiées ensemble n'aient en vous aucun impact de vérité. Il se peut que vous sortiez d'un séminaire comme le nôtre, éclairés quant au concept de corps, mais sans qu'il se produise pour autant une quelconque modification de votre écoute. Or, la valeur de la théorie est précisément de déterminer des effets dans l'écoute. La valeur de la théorie est une valeur de vérité à condition de concevoir la vérité comme une cause efficiente. La vérité en psychanalyse ne se définit pas d'après l'adéquation d'un mot à la chose. Ce n'est pas l'énoncé qui dirait l'essence d'une chose. Non, la valeur de la vérité pour nous, analystes, réside dans son pouvoir de détermination d'un acte dans la cure. Cela reste le meilleur positionnement à l'égard de la théorie. Cependant, cette disposition, cette ouverture aux effets de vérité ne doit pas se traduire en nous par un intérêt modéré pour les ouvrages fondamentaux de la psychanalyse. Bien

La théorie est une vérité qui nous fait agir

au contraire, il faut lire passionnément. Il faut lire pour comprendre, apprendre, lier les concepts. C'est certain. Mais sachez que cette volonté passionnée de travailler les textes théoriques n'est pas un geste suffisant, encore faut-il que les mots, les concepts et une certaine logique de la pensée aient le pouvoir de provoquer des effets concrets et visibles chez l'analyste.

Trois effets concrets de la théorie

Quels effets ? J'en distinguerai trois. D'abord, et tout simplement, la théorie a la valeur pratique de nous offrir les mots pour dire dans un langage commun tous les phénomènes produits par l'inconscient que nous percevons tant chez notre analysant qu'en nous-mêmes. Ensuite, l'usage constant de concepts et des mots analytiques favorise chez le psychanalyste un singulier affinement de ses organes sensoriels, un élargissement du champ de ses perceptions auditives et visuelles, et en particulier une acuité de perception qui nous laisse entrevoir la présence du jouir inconscient au-delà des traits et des apparences de notre analysant. Enfin, le troisième effet pratique et réel provoqué par la théorie est de consolider notre appartenance à la communauté sociale des analystes qui parlent la même langue théorique et portent les mêmes idéaux avec lesquels chacun de nous s'identifie.

Nous avons beaucoup étudié et approfondi la théorie et pourtant je m'aperçois, au fur et à mesure du temps qui passe et que ma connaissance s'accroît, que la portée d'une théorie ne se mesure pas à l'aune du savoir, mais à son efficacité à déterminer le mode de travail avec nos patients, et même notre manière de vivre, je dirais presque, notre style de vie. Simplement, avant de parler du corps, je voulais vous avertir : soyez ouverts, non seulement pour apprendre la théorie — là, soyez passionnés — mais restez surtout en éveil et dites-vous : « La théorie m'engagera, inconsciemment, là où je ne l'attends pas, à adopter une écoute singulière. »

La théorie n'aurait pas ce pouvoir de nous affecter et, à travers nous, d'affecter nos analysants, si nous n'étions pas passionnés par l'action de travailler un texte, de le tordre, de le retravailler avec le corps jusqu'à ce que le concept devienne notre vérité efficiente. Il faut être passionné de théorie pour qu'en retour, elle ait une incidence sur nous, et nous fasse agir à notre insu. Nous serons alors dans la position de l'analysant qui doit aimer ou haïr, être dominé par la passion du transfert, pour que son dire ait une valeur de vérité. Oui, le psychanalyste par rapport à la théorie est tout autant assujetti aux effets de vérité que peut l'être l'analysant aux effets de l'inconscient, à cette condition près : être passionné. Bien ! Abordons maintenant le problème du corps. Comment cette question vous est-elle apparue ?

C'était au sujet de difficultés qui surgissent dans notre pratique d'analyste. Je pensais plus particulièrement aux affections psychosomatiques et aux troubles organiques du corps qui apparaissent au cours d'une cure.

Pour vous répondre, je voudrais d'abord revenir sur le statut plus général du corps et le redéfinir d'après les deux paramètres fondamentaux qui, rappelons-le, délimitent le champ psychanalytique. Ces paramètres sont en effet la parole et le sexe. Tout ce qui n'est pas du domaine de la parole ou du sexuel se situe hors de notre champ. Comme si, sur le frontispice de l'édifice théorique de la psychanalyse, était gravé : « Ceux qui entrent ici admettent et savent que tout ce qu'ils rencontrent à l'intérieur est marqué par la parole et le sexe. » Contrairement au chirurgien qui se place devant le corps de son malade et le traite comme un organisme sans se soucier de savoir s'il parle ou s'il jouit, le psychanalyste, lui, devra constamment se référer directement ou indirectement à ces paramètres que sont la parole et le sexe et concevoir donc deux statuts du corps : le corps parlant et le corps sexuel.

Qu'est-ce que le corps ?...

Déjà, dans nos deux dernières leçons, nous en étions arrivés à une définition très avancée du corps dans son statut de corps sexuel se réduisant à sa partie jouissante. Nous avions vu, sous cet angle, qu'il n'existe pas de corps total, que le corps est toujours une partie, et plus substantiellement, qu'il est la jouissance locale accumulée dans cette partie. Souvenons-nous des exemples du pied du danseur et des yeux du voyeur qui nous ont permis de comprendre combien le corps était pure tension, pure jouissance condensée dans l'un ou l'autre des organes. A partir de nos interrogations sur l'objet *a*, nous nous étions ainsi situés d'emblée dans la perspective du corps sexuel. Mais qu'est-ce qu'un corps sexuel ? Pourquoi l'appeler sexuel ? Parce que le corps est toute jouissance et que la jouissance

... un corps sexuel

est sexuelle. Car ne l'oublions pas, qu'est-ce d'autre que la jouissance sinon la poussée d'énergie de l'inconscient quand elle est engendrée par les orifices érogènes du corps ; quand elle s'exprime soit directement par l'action, soit indirectement par la parole et le fantasme ; quand elle est cet élan toujours guidé par l'horizon inatteignable du rapport sexuel incestueux ? La jouissance, effectivement, ne peut être que sexuelle parce que le but idéal vers lequel elle aspire est sexuel. Et partant, tout ce qu'elle touche et entraîne dans son flux, se sexualise, que ce soit une action, une parole, un fantasme, ou tel organe du corps devenu érogène.

*

* *

L'analyse se distingue (...)
de ce qu'elle énonce ceci,
qui est l'os de mon enseignement :
je parle sans le savoir. Je
parle avec mon corps, et ceci
sans le savoir. Je dis donc
toujours plus que je
n'en sais.

J. Lacan

Si nous considérons maintenant l'autre paramètre fondamental, celui du langage, nous devons répondre à la question : Qu'est-ce qu'un corps parlant ? « Corps parlant » signifie que le corps qui intéresse la psychanalyse n'est pas un corps de chair et d'os, mais un corps pris comme un ensemble d'éléments signifiants. Le corps parlant peut être par exemple un visage, dans la mesure où un visage est composé de lignes, d'expressions et de traits différenciés et reliés entre eux. Or, soyons clairs, l'adjectif « parlant » n'indique pas que le corps nous parle, mais qu'il est signifiant, c'est-à-dire qu'il comporte des signifiants qui parlent entre eux. Ce visage, dans toute sa complexité d'éléments distincts, est autre chose qu'une expression suggestive. Quand un visage suscite un sentiment, c'est un corps-image ; mais quand le même visage suscite un dire impromptu, c'est un corps-signifiant. Imaginons l'analyste allant chercher son patient à la salle d'attente, et qui, en l'accueillant, le regarde au visage. Je crois qu'il faut être très ouvert au visage de l'analysant au moment de le recevoir. Pour ma part, c'est un geste qui m'est habituel ; c'est plus qu'un geste d'accueil, c'est le premier pas de la séance qui s'engage. Beaucoup d'analystes ne donnent pas la main. Quant à moi, je serre la main et en plus je regarde. Je reste attentif au visage et à l'allure du patient, à sa manière de s'installer dans la séance. Mais ce corps qui éveille mon sentiment de sympathie ou d'antipathie n'est pas le corps signifiant. Au contraire, tel visage sera signifiant dans la mesure où il déterminera en moi, par exemple, une intervention inattendue au cours de la séance. A l'instant même où je vais chercher mon patient, je suis détaché de toute pensée ; je me tourne vers son visage et je perçois l'émotion qui s'y peint, nous entrons dans la pièce du divan,

... un corps parlant

il s'allonge, il parle, je l'écoute et à un moment particulier de la séance, je me surprends soudain à intervenir en me référant non pas tant au contenu de son dire qu'à l'articulation de ce dire avec un trait du visage que j'avais saisi au premier regard, sans véritablement m'en apercevoir. Ce visage est signifiant parce qu'au même titre que la vérité, il détermine une intervention du psychanalyste lors de la séance. Ainsi, le corps signifiant n'est-il pas celui évocateur qui me parle, mais celui investi du pouvoir de déterminer à mon insu un acte dans la cure.

... un corps imaginaire

Mais nous devons encore ajouter une troisième perspective pour définir le corps en psychanalyse. Le corps — nous l'avons vu — est un corps parlant et sexuel mais c'est aussi — et ce sera ma troisième proposition — une image. Non pas ma propre image dans le miroir, mais l'image que me renvoie l'autre, mon semblable. Un autre qui n'est pas nécessairement mon prochain, mais tout objet du monde où je vis. L'image de mon corps c'est d'abord et avant tout *hors* de mon corps que je la perçois. Elle me revient du dehors pour donner forme et consistance à mon corps sexuel, celui de la jouissance. Le corps comme image serait plutôt cette montre, ma montre, ou bien cette lampe en cuivre, ou encore cette maison dans laquelle je vous parle. Ces objets sont image, mon image, à condition que cette montre, cette lampe ou cette maison soient chargées d'une valeur affective. Eh bien, j'affirmerai qu'à condition de prendre intimement sens pour moi, cette maison par exemple, en tant qu'image du corps, est un prolongement de mon corps. J'appelle donc corps — troisième définition — toute image du corps réunissant deux caractéristiques : d'abord qu'elle provienne de l'extérieur, d'un autre humain ou de tout objet environnant ayant une forme qui me parle ; et ensuite, qu'elle soit prégnante et se prête à envelopper les foyers de ma jouissance. Ainsi le corps sexuel et jouissant reste-t-il toujours voilé sous les semblants imaginaires que je capte au-dehors.

Nous le voyons, le corps peut s'envisager de trois points de vue complémentaires : en premier lieu, du point de vue *réel,* nous avons le corps synonyme de jouissance ; ensuite, du point de vue *symbolique,* nous avons le corps signifiant, ensemble d'éléments différenciés entre eux et qui déterminent un acte chez l'autre ; et enfin, le corps *imaginaire,* identifié à une image extérieure et prégnante qui éveille le sens chez un sujet. Voilà les trois perspectives que je vous propose d'adopter, pour définir le corps à l'intérieur du champ psychanalytique.

*

C'est à propos du corps-jouissance. Si pour la psychanalyse, le corps est toujours partiel et n'est que jouissance, cela voudrait dire que le corps purement organique, celui de chair et d'os, sera le corps total, je veux dire le corps d'où s'est détachée sa partie jouissante ?

La question est pertinente mais en même temps difficile car elle concerne le rapport délicat, plein de nuances entre le corps et la jouissance. Tout

« Il n'y a de jouissance que du corps »
J. L.

dépend de l'acception que nous accordons aux termes. Il est arrivé que Lacan formule deux principes apparemment contradictoires, pour définir la jouissance. En 1967, Lacan revient souvent sur le concept de jouissance dans son rapport à celui de corps. Voici les deux formulations qu'il répétera de nombreuses fois : « Il n'y a de jouissance que du corps » et, presque à la même époque, il affirme au contraire « la disjonction entre le corps et la jouissance ». D'après ma lecture, ces dictons lacaniens ne sont pas contradictoires à condition d'admettre que le mot « corps » est employé avec une acception différente dans chacune de ces formulations. Dans la première : « Il n'y a de jouissance que du corps... », il faut entendre le mot « corps » comme un corps partiel. C'est le sens que nous avons soutenu tout au long de ce séminaire. Notons que nous aurions pu donner une autre interprétation tout aussi légitime qui aurait consisté à affirmer simplement : la condition nécessaire et suffisante de la jouissance est l'existence d'un corps vivant : il n'y aurait de jouissance que d'un corps organique vivant. S'il n'y a pas de vie, il n'y a pas de jouissance. Pour qu'un corps jouisse, encore faut-il qu'il soit vivant.

La deuxième formulation de Lacan : « La jouissance est disjointe du corps », prend un sens complémentaire du premier dicton à condition de traduire le mot « corps » comme nous venons de le faire par « le corps en chair et en os ». Il s'agirait du corps organique considéré comme le fond de non-jouir sur lequel se détache la jouissance partielle condensée dans un segment corporel tel que le pied du danseur ou les yeux du voyeur. La jouissance est en effet radicalement disjointe du corps, oui, à condition de considérer ce corps comme le corps organique, celui dont la psychanalyse n'a pas à s'occuper. On peut encore lire cette deuxième formulation de Lacan en la traduisant ainsi : la jouissance partielle est disjointe du corps organique considéré comme un corps total, le corps de l'Autre, le corps fictif d'où se serait détachée une partie jouissante.

Finalement le problème que Lacan soulève avec ses deux principes relatifs à la jouissance renvoie au rapport dialectique de la partie au Tout. De ce couple, la psychanalyse privilégie la partie parce que, dans la vie de l'inconscient, il n'est que du partiel. Que nous soyons dans la dimension du réel, du symbolique ou de l'imaginaire, nous restons toujours dans les limites du partiel. Si nous nous en tenons au statut réel du corps, nous reconnaîtrons que la jouissance est toujours partielle et par conséquent, puisque le corps est jouissance, nous conclurons que le corps lui aussi est définitivement partiel. Et même nous avancerons que le corps se resserre et se réduit dans le fait même du jouir. Si cette fois nous nous en tenons au statut imaginaire du corps, c'est de nouveau le partiel qui se confirme. Quand je reconnais cette maison comme une forme chargée de sens et que ce sens lui-même est l'image de mon corps, c'est la dimension du partiel qui domine, car ce n'est pas toute la maison, mais l'un de ses aspects qui me donne consistance. Un visage, lui aussi, n'est corps signifiant que comme corps partiel car l'élément discret à l'origine d'un acte chez l'analyste se limite toujours à une partie du corps, un éclat du regard, un pincement de bouche, ou une tache de rousseur. Forcément, il n'y a qu'un seul élément qui agit, et il appartient à l'ordre de l'*Un*. Ainsi, le caractère de partialité prime-t-il incontestablement dans l'analyse : soit que nous réduisions le signifiant à l'*Un*, soit parce que l'image est toujours une partie, soit encore parce que la jouissance reste toujours un jouir local.

On le voit, le problème de la partialité réside dans l'ambiguïté du mot « partiel », car il laisse supposer la complémentarité nécessaire d'un Tout. Si je dis : l'objet est un objet partiel, mon affirmation suppose le préalable d'un Tout dont l'objet se serait détaché. Cet énoncé serait légitime à condition que la totalité d'où l'objet aurait été extrait soit une totalité fictive. C'est ce que Lacan veut faire entendre quand il affirme que le grand Autre n'existe pas. En psychanalyse, il n'est de totalité que dans la fiction. Nous avons deux illustrations des plus éclairantes du corps pris comme totalité fictive. D'abord l'image totale du corps humain perçue par l'enfant du stade du miroir. Rappelez-vous que, pour Lacan, l'enfant découvre dans le miroir l'unité imaginaire d'un corps qui dans la réalité n'est que sensations multiples et dispersées. L'autre exemple de corps global et fictif est celui de la mère par rapport aux objets partiels qui s'en détachent tel le sein, rapport que nous avons déjà traité lors de notre troisième leçon. Cela étant, ne soyons pas trop péjoratifs à l'égard des totalités, car les totalités sont nécessaires à la constitution

La fiction du corps total

de l'imaginaire, et au-delà, nécessaires à l'efficacité du symbolique. La fiction du Tout que Lacan aurait inclus comme une des figures majeures du semblant, est aussi indispensable à la vie symbolique que peut l'être ce mensonge originaire qu'Aristote qualifiait de *proton pseudos*.

*

* *

Mais je voudrais aborder le problème que vous souleviez du praticien en difficulté face à une présence massive du corps dans la cure. La première façon de se situer devant une telle difficulté pour un praticien, c'est d'avoir une théorie et de la mettre à l'épreuve. Pour s'installer dans l'écoute, certaines conditions sont nécessaires : avoir une théorie, puis lui substituer un fantasme qui soit à la fois dérivé des concepts et calqué sur le dire concret du patient. Ensuite, une fois ainsi préparé, se disposer à l'écoute en ayant oublié tout cela, théorie et fantasme, sans se défendre de l'oubli. Or, comment justement théoriser les affections psychosomatiques et même les maladies organiques surgies en cours de traitement ? Quelle théorie employer ? D'après les trois statuts du corps que nous venons de dégager, il est clair que dans ces affections, l'un des corps rompt le nouage du réel, du symbolique et de l'imaginaire pour faire massivement irruption sur la scène de l'analyse. Quel corps, sinon le corps réel et jouissant qui, à la manière d'un débordement de jouissance, bouleverse le corps en chair et en os du sujet.

Or, quelle est la théorie freudienne pour expliquer les affections organiques survenues en cours d'analyse ? Freud en effet, n'est pas resté indifférent aux affections organiques du corps en expliquant leur psychogénèse par une intensification excessive du rôle érogène de l'organe jusqu'à perturber ses fonctions physiologiques, voire léser ses tissus. Dans une conférence remarquable tenue en 1910, et consacrée aux troubles hystériques de la vision [20], Freud fut amené à considérer les troubles organiques de la vision et posa les bases d'une théorie psychanalytique capable d'expliquer la part de détermination psychique dans l'apparition d'une altération somatique. Un organe du corps qui accomplit normalement sa fonction physiologique se voit soudainement investi massivement par la libido, qui le transforme ainsi en équivalent d'un organe génital. Le rôle fonctionnel a été détourné au profit du rôle érogène. Mais il arrive parfois que la libido s'y accumule et y stagne à un point tel que l'organe s'en trouve atteint dans son substrat cellulaire. Pour décrire cet état morbide d'un jouir excessif, Freud emploie l'expression de « modifications toxiques » dans la substance organique, dues à une « stase de la libido », ou encore à une « intensification de la signification érogène de l'organe ». Nous voyons bien comment le corps réel de la jouissance confisque l'organe, détruit ses tissus à la manière d'un agent toxique et envahit l'espace de la cure.

Un excès toxique de jouissance...

... rend l'organe malade

C'est justement à propos de telles manifestations atypiques du corps dans la cure ainsi que d'autres extériorisations du débordement de la jouissance, comme par exemple le passage à l'acte ou l'hallucination, que j'ai pu proposer, en complément à la théorie lacanienne de l'objet *a*, le concept de « *formations de l'objet* a ». Ces formations psychiques se caractérisent par un fait majeur : la jouissance domine et semble avoir rompu la digue du refoulement ou, dans un autre vocabulaire, semble avoir renversé la barrière du phallus.

Face à ces formations de *a*, le praticien touche toujours aux frontières de son action et sa place est subvertie à un tel degré qu'il est à chaque fois contraint de redéfinir son rôle. Quand la jouissance fait irruption massivement dans une cure, que ce soit par une tentative de suicide, un passage à l'acte grave ou encore une atteinte somatique, nous sommes inévitablement interrogés sur la capacité de notre théorie à rendre compte de ces faits cliniques, sur notre propre capacité à préserver le cadre de l'analyse et contenir l'impact que signifie pour chacun de nous l'épreuve d'affronter le réel dans une cure.

*

Une vignette clinique

Justement, je voudrais illustrer la présence d'une formation jouissante de l'objet *a* au sein de la cure, en vous relatant le cas d'une analysante ayant souffert d'une maladie organique grave pendant l'analyse.

Il y a quelques semaines, je raccompagnais une patiente à la porte de mon cabinet. Sans trop y prêter attention, je regarde son visage et j'ai soudain l'impression que son œil est légèrement exophtalme. Spontanément, je lui demande : « Qu'avez-vous à l'œil ? » — « Non... rien », réplique-t-elle. « Cela fait quelque temps que je le sens. » Et portant sa main à la tempe, elle ajoute : « Remarquez... ces derniers jours j'ai souvent mal à la tête. » Aussitôt je reprends : « N'avez-vous pas consulté ? » Elle répond par la négative. Je lui suggère alors de prendre rendez-vous avec un spécialiste. J'ignore si cette anomalie oculaire était déjà présente depuis longtemps. Toujours est-il qu'elle s'est rendue immédiatement chez l'ophtalmologue qui, après examens, a diagnostiqué une tumeur bénigne localisée à la méninge supra-orbitaire ayant atteint aussi l'os frontal. Peu de temps avant mon départ de Paris, elle a été opérée avec succès.

Avec cette courte vignette clinique, je voulais montrer avant tout une certaine disposition de l'analyste, essentielle à sa pratique. Une disposition qui échappe au calcul conscient et intentionnel et qui, avec le temps, devient pour lui toute naturelle : recevoir le patient dans le visage, le recevoir dans le corps comme j'ai reçu cette patiente. Je n'ai perçu l'anomalie de l'œil qu'au sein de mon écoute, d'une écoute à l'œuvre depuis deux ans d'analyse, et qui me rendait maintenant sensiblement réceptif : laisser venir, puis entrer, presque comme si j'entrais dans l'œil de la patiente. Comme si j'entrais dans son œil à travers mon propre œil mû par mon écoute. Autrement, j'en suis sûr, je n'aurais jamais perçu l'exophtalmie. Pour la saisir, il a fallu que je sois inclus dans le corps de l'analysante. Quel corps ? Dans le corps réduit à son œil malade. Et qu'est-ce que l'œil malade sinon un organe de jouissance, un corps jouissif ? Mais je devrais mieux dire et avancer que pour saisir l'exophtalmie, signe d'une jouissance morbide, il a fallu que je sois moi-même tout à la fois et le jouir morbide de la tumeur et le jouir d'un regard. Rappelez-vous la proposition lacanienne qui qualifie la position de l'analyste comme celle du plus-de-jouir, celle de l'objet *a*. Eh bien, nous avons ici deux figures différentes de ce plus-de-jouir et, partant, deux facettes du lieu que l'analyste doit occuper pour assumer sa fonction : être la tumeur elle-même et être le regard qui saisit la tumeur.

L'analyste est à la fois le jouir de la tumeur et le jouir du regard qui la saisit

Vous aviez expliqué l'apparition de la tumeur comme une subversion par le réel, du nœud réel-symbolique-imaginaire. Vous diriez donc que le corps de la patiente se réduit exclusivement à la seule présence nocive du réel ?

Tout dépend du point de vue auquel on se place. Il est vrai que la souffrance somatique de l'analysante a rompu l'équilibre des trois statuts du corps au profit d'une suprématie du réel dans le transfert, mais l'analyse est là, je veux dire le cadre analytique et l'analyste sont là pour que le réel, fût-ce le plus récalcitrant, soit réincorporé dans le monde du sens. Tout événement, tant qu'il reste inclus dans la relation transférentielle, peut être envisagé simultanément selon les différentes perspectives réelle, symbolique et imaginaire. Du point de vue *réel*, en effet, la tumeur de la patiente se réduit à la compacité d'une jouissance qui la rend gravement malade. Quand nous affirmons que cette lésion d'organe appartient à la dimension du réel, nous voulons non seulement signifier qu'elle se situe hors de toute filiation symbolique, mais avouer aussi la faille de notre savoir. Dire que la tumeur c'est du réel, c'est dire que nous ne comprenons ni la nature de sa substance jouissante ni la cause de sa survenue.

Or, si nous nous plaçons maintenant au point de vue *symbolique*, l'irruption de cette anomalie dans le corps constitue un événement signifiant sur le chemin de la cure. Même si nous ignorons l'en-soi de la jouissance, nous sommes là, j'insiste, pour que cet événement prenne un sens. C'est-à-dire que tout en restant signifiant, l'événement s'offre à nous comme un signe dont nous tirons un sens. Ne serait-ce que le sens qu'à l'instant même où je vous parle, j'élabore avec vous. Dans les séances qui ont suivi avec l'analysante, il m'est arrivé d'interpréter l'émergence de sa maladie non pas comme un événement fortuit, mais comme un événement prédéterminé, psychiquement prédéterminé. Car nous savons depuis Freud que le hasard disparaît à partir du moment où nous produisons un sens. Nous croyons comme tout un chacun que le hasard existe tant qu'il reste inexpliqué, c'est-à-dire réel. En d'autres termes l'événement reste fortuit tant qu'il n'est pas interprété, alors le hasard existe ; et il cesse d'être fortuit dès qu'on lui attribue un sens, alors le hasard n'existe plus. A ce propos j'aimerais citer une courte phrase de Freud : « Je crois au hasard extérieur réel, mais je ne crois pas au hasard intérieur psychique [21]. »

Le premier sens, assez général, qui m'est apparu, fut de croire, dans une supposition causaliste, que l'irruption de la tumeur et la réaction de l'analyste étaient des événements qui « attendaient » de se produire, qui devaient inévitablement avoir lieu. J'avais pensé, mais je ne l'ai pas communiqué à la patiente : « Au fond, j'ai l'impression que vous êtes venue en analyse uniquement pour qu'existe ce moment singulier où je vous ai demandé : qu'avez-vous à l'œil ? »

L'analyste engendre du sens

Vous avez là les différents gestes de l'analyste qui enveloppent de sens le fait brut du réel et envisagent la tumeur d'un point de vue symbolique. Le premier geste fut d'inciter la patiente à consulter un spécialiste, ce fut un geste de bon sens ; le second fut d'inventer une hypothèse finaliste pour tenter d'expliquer la cause inexplicable d'une tumeur ; et enfin, ce geste dont vous êtes maintenant les témoins, celui de commenter à présent et avec vous, cette expérience clinique. Resterait encore à situer brièvement la tumeur sous l'angle *imaginaire*. Il m'est arrivé dans les mois qui ont suivi, de travailler avec la patiente en lui demandant de dessiner sur une feuille de papier l'image de la tumeur placée entre la méninge et l'arcade orbitaire.

Tous ces gestes, générateurs de sens, montrent que l'analyste face au réel n'a d'autre issue que d'occuper la place du maître, producteur de sens. Comme si l'analyste, en attribuant un sens à un événement qui par nature est hétérogène, tentait de reconstituer la chaîne symbolique qui jusqu'alors structurait la relation transférentielle. Chaîne qui avait été rompue au moment où l'irruption massive de la jouissance avait fait sauter un des maillons signifiants. Le psychanalyste, en donnant du sens, prend la place du maître et entre dans la chaîne pour occuper le rang de l'anneau détaché, pour occuper la place du signifiant forclos. En donnant du sens, le psychanalyste opère le mouvement inverse de la forclusion, il opère pour ainsi dire, une contre-forclusion.

En somme, tout ce qui naît et se développe sur le sol de l'analyse peut s'envisager selon plusieurs perspectives nullement incompatibles. Rien n'empêche que cette lésion produite dans le réel, s'insère dans un enchaînement historique, surdéterminé et donc symbolique. Que la patiente soit venue à l'analyse, qu'elle ait engagé sa cure, que cet épisode ait lieu et qu'advienne ce qui adviendra au cours des prochaines séances, tout ceci est symbolique. Mais tout ceci n'empêche pas non plus de considérer toujours la tumeur en soi comme un excès de jouissance, comme un réel ayant envahi démesurément le transfert. Ajoutons pour être complet qu'à l'instar de toute formation psychique produite au sein d'une cure, qu'elle soit formation de l'inconscient ou formation de l'objet *a*, cet épisode trouve également sa place dans l'imaginaire.

Comment comprendre que vous ayez pris l'initiative d'orienter la patiente vers un médecin ? N'est-ce pas là une intromission dans la vie du patient, ne pourrait-on pas dire que vous avez quitté le cadre habituel de l'analyse ?

D'abord, je dois vous dire que pendant les jours qui ont entouré cet épisode, je me suis souvent fait la remarque que ma patiente exprimait en ce moment et dans son corps la tension d'une jouissance qui n'était pas la sienne, mais celle propre à la relation analytique elle-même. Je n'ai jamais douté du partage de la tumeur au sein de la cure parce que je suis convaincu qu'à l'instar de l'inconscient unique, le lieu de la jouissance dans la cure est aussi celui de l'entre-deux. Quand nous disons que le corps est une partie et que cette partie est une substance jouissante, il faut comprendre que la place de ce corps dans l'analyse est celle de l'intervalle entre le fauteuil et le divan et que cette place, précisément, est aussi celle du psychanalyste.

Le psychanalyste occupe tour à tour différentes places...

Cela étant, quand vous me posez la question du sens de mon intervention visant à orienter la patiente vers un ophtalmologue, je vous réponds d'emblée que devant un tel fait de jouissance et devant même n'importe quel fait de l'inconscient, les attitudes de l'analyste peuvent être très diverses tout en restant cohérentes. Je suis profondément en désaccord avec ce préjugé qui enferme l'analyste dans l'alternative grossière d'être pur analyste, ou de n'être rien. C'est là une vision dogmatique et artificielle de la fonction analytique. Je crois au contraire que l'action analytique regroupe diverses positions possibles du praticien, toutes légitimes, dont la position strictement analytique, celle — comme nous l'a montré Lacan — de représenter l'objet *a*. Mais cette position qui, de plus, demeure rare, n'est manifestement pas la seule. Si nous reprenons les termes des quatre discours établis par Lacan, il arrive que l'analyste occupe tour à tour les positions du *maître* qui gouverne, de l'*hystérique* qui séduit, du *savoir* qui enseigne et bien entendu la *place analytique* proprement dite, moteur de la cure.

Dans cet épisode que je vous ai relaté, quelles sont les différentes positions que nous pouvons repérer concrètement ? J'en envisagerai trois. D'abord celle d'occuper la place de la jouissance, ou comme nous l'avons souvent répété, la place de l'objet *a*. Et ceci à un double titre : être à la place de la tumeur même, et être à la place du regard qui a saisi la tumeur. Nous devons le formuler abruptement : l'analyste est incarné par la tumeur, foyer intense de jouissance, comme s'il s'était recueilli dans la souffrance de l'œil.

... la place de la tumeur

Mais de cet exemple, il se dégage encore une autre position adoptée par l'analyste, celle dessinée au moment où, soucieux d'une prise en charge médicale, le praticien conseille à l'analysante de consulter un spécialiste. Si je devais qualifier cette dernière position, je l'appellerais d'après Lacan « position du *maître* » dans la mesure où ce geste de conseiller m'attribue un rôle d'autorité. A ce propos, je voudrais revenir sur certains détails de l'épisode clinique avec cette patiente et confirmer

... la place du maître, producteur du sens

le bien-fondé de la position de maîtrise. Quand la patiente apprit le diagnostic et comprit qu'elle devrait être opérée, elle fut profondément bouleversée et angoissée. Je lui ai proposé alors : « Ne nous hâtons pas, il est toujours préférable de recevoir un autre avis et consulter un second chirurgien. » Durant toute cette période, je n'ai pas hésité à maintenir cette attitude. Je n'avais aucun problème à agir ainsi. Lorsque la date de l'opération fut fixée, je pris l'initiative, avec l'accord de ma patiente, de téléphoner au neurochirurgien pour lui faire part de mon souhait d'être tenu au courant du pronostic et de l'évolution de la situation. Il m'a excellemment répondu en m'expliquant en détail la nature du problème, et en manifestant son étonnement devant le fait que cette patiente lui ait été adressée par un psychanalyste, juste à temps pour qu'il puisse intervenir avant que la lésion ne s'aggrave. La veille de l'opération, comme nous l'avions convenu, le chirurgien fit part à la patiente de notre échange téléphonique, ce qui eut l'effet décisif à mes yeux de l'assurer tant de la présence de l'analyste que de la confiance qu'elle pourrait porter au chirurgien. Après l'opération, je pris de ses nouvelles, et il s'avéra que tout s'était passé normalement *.

* Je me dois aujourd'hui, en 1992, de faire connaître au lecteur qu'après cet épisode douloureux qui a bouleversé durant plusieurs mois le cadre de l'analyse, la cure de cette patiente s'est poursuivie, achevée et ouverte sur des projets heureux de vie. Lorsqu'en rédigeant ces pages, j'ai téléphoné à cette jeune femme pour lui demander l'autorisation d'évoquer dans ce livre notre expérience, elle m'a donné son plein accord avec beaucoup d'émotion. Avec son émotion, j'ai retrouvé la mienne, celle que chacun éprouve après avoir touché de si près les limites de la vie.

Sans doute, je ne suis pas en train de vous indiquer une façon type de procéder ; ce mode d'intervention fut le mien, dans un cas très particulier. Confrontés à une situation similaire, d'autres praticiens interviendraient probablement de manière différente. S'il vous arrivait d'être tenté d'intervenir avec une démarche proche de la mienne, et que vous doutiez, alors surtout, n'intervenez pas ! Quand l'analyste hésite entre parler ou se taire, autant qu'il se taise et reste dans une position de réserve qui est la plus saine. Le psychanalyste ne travaille pas seulement en se disant : cette tumeur est une formation de l'objet *a*, un excès toxique de jouissance, mais il se positionne aussi en maître soucieux de réguler au mieux la disjonction dont parle Lacan entre corps organique et jouissance. Comme si le psychanalyste tentait par différents moyens — y compris la maîtrise — d'assumer la fonction d'écluse du phallus pour éviter que la jouissance ne soit trop morbide et détruise ou dévore le corps organique.

... la place du phallus, régulateur de jouissance

Justement, la troisième et dernière position de l'analyste, qui se dégage de cette séquence clinique, est celle de l'analyste qui, par sa présence et son écoute, matérialise le signifiant, *Un* signifiant qui réintègre la chaîne symbolique à la place du maillon manquant et remet en marche la répétition. Dire que l'analyste est en place d'un signifiant qui relance la chaîne, ou dire que l'analyste est en place de phallus qui régule la jouissance, sont des expressions équivalentes. Mais, n'oublions pas que si le psychanalyste a pu rejoindre cette fonction de l'*Un* (S_1) et par là, celle de toute la chaîne (S_2),

L'analyste se fait signifiant...

c'est bien grâce au fait de ne pas avoir hésité le moment venu à se faire générateur de sens.

... et relance la cure

Vous comprenez maintenant que toutes ces positions, loin d'être incompatibles entre elles, coexistent chez le praticien. Résumons-le brièvement : l'analyste qui perçoit l'exophtalmie est en place d'objet *a* figuré par la tumeur et le regard ; l'analyste qui oriente la patiente vers un médecin, partage ses difficultés et construit des hypothèses pour rendre compte d'un fait finalement inexplicable, est en place de S_1 figuré par la maîtrise génératrice de sens ; et enfin, l'analyste qui par son écoute est aussi en place de S_1, mais cette fois, au titre de ce signifiant qui manquait à la chaîne, remet en marche la ronde de la répétition et fait que l'analyse continue.

*

*   *

Toujours dans la perspective de la présence du corps dans la cure, comment distinguer théoriquement une lésion d'organe comme celle de la tumeur de l'œil, d'un symptôme de conversion hystérique comme peut l'être par exemple, une diminution passagère du champ visuel ?

Votre question me ramène à la distinction que j'ai pu établir entre les formations de l'inconscient

Différence entre les formations de l'inconscient et celles de l'objet a

dont le symptôme névrotique est le prototype, et les formations de l'objet *a* dont la lésion d'organe est une bonne illustration. Je diviserai les différences entre ces formations en deux volets. Leur différence envisagée du point de vue du transfert, puis celle, plus théorique, considérée du point de vue métapsychologique.

Rappelons d'abord nos propos des premières leçons sur l'inconscient. Vous accepterez aisément que l'émergence d'une formation de l'inconscient tel le symptôme hystérique dont vous parlez, soit une mise en acte signifiante de l'inconscient, et par conséquent aussi du transfert. A ce moment, les signifiants se déplacent ordonnés à travers et à l'insu des partenaires analytiques et, en se rassemblant ponctuellement dans l'acte d'un dit ou d'un oubli, ils tissent le lien transférentiel. L'un des partenaires dit et, sans savoir ce qu'il dit, il fait exister le transfert. En disant il prouve en acte que les signifiants circulent et continueront à circuler entre analyste et patient.

Or, les formations psychiques de l'objet *a*, et nous en avons eu l'exemple dans la tumeur oculaire, font aussi lien transférentiel, mais d'une façon étrange et beaucoup plus difficile à admettre. Elles font lien par fusion et non pas par attache. Elles soudent l'analyste et l'analysant en un lieu bien déterminé, compact et hors mesure que nous identifions comme le lieu du plus-de-jouir (objet *a*). Ce lieu ne se présente pas comme le signifiant à la manière d'un dit inséré dans une séquence langa-

Le faire est l'expression clinique des formations de a

gière, mais il se manifeste comme un faire, comme un fait massif, intempestif et quelquefois brutal. Le faire est l'expression clinique de ces formations de l'objet et c'est dans un faire que le transfert se résume. Qu'il s'agisse de fantasmes inconscients, d'hallucinations épisodiques, d'une tentative de suicide, ou encore d'une lésion tumorale comme celle que nous venons de commenter, ce sont toutes des configurations marquées par l'empreinte d'une action bien définie et parfaitement détachable du récit de l'analysant. Qu'elles soient représentées par un dire à l'intérieur du récit, dans le cas du fantasme, ou agies en dehors, dans le cas du passage à l'acte, de l'hallucination ou d'un délire, toutes ces formations se présentent aux yeux du psychanalyste comme des figures actives où une partie jouissante du corps prime. Fantasmer, halluciner, pâtir d'un organe malade, sont des « faire » dont l'élément actif n'est pas le sujet, mais une région autonome et délimitée du corps qui domine l'ensemble de la réalité transférentielle.

Lors de l'apparition d'une des formations de l'objet, les éléments ordinaires de la réalité de la cure (signifiants, sens, images, fictions) semblent résorbés en un seul foyer actif où tout converge. A ce moment le transfert ne s'étale plus structuré comme un langage, mais se resserre en une action, en une mise en action objectale. Dans les formations de l'inconscient, l'acte était relance et les signifiants faisaient lien par leur entrelacement en réseau, ici, le faire est arrêt et l'objet *a* cristallise le rapport analyste/analysant en un jouir compact et terminal.

En bref, ces diverses formations psychiques plus fréquentes dans la cure qu'on ne le croit et qui actualisent le transfert en un fait compact, hétérogène aux signifiants, ou au contraire compatible avec les signifiants comme dans le cas particulier du fantasme, je les ai groupées sous le nom de *Formations de l'objet* a.

*

Si nous considérons maintenant la distinction entre les formations de l'inconscient et les formations de l'objet *a* d'après leur structure psychique, c'est-à-dire d'après le mécanisme qui les produit, nous découvrons alors que celles de l'objet sont produites par forclusion. Ainsi le symptôme de conversion hystérique s'explique-t-il par le *refoulement :* le symptôme, comme par exemple le rétrécissement hystérique du champ visuel, est le substitut (S_1) dans le corps, d'une représentation refoulée dans l'inconscient (S_2). Nous dirons que dans la formation d'un symptôme névrotique, l'articulation signifiante S_1/S_2 est maintenue. En revanche, la lésion d'organe, comme d'ailleurs toutes les autres formations de l'objet à l'exception du fantasme, résulte d'un mécanisme de *forclusion.* C'est-à-dire qu'ici aucun substitut (S_1) de la représentation refoulée (S_2) n'est advenu là où il était attendu. Et par conséquent, il n'y a eu ni métaphore, ni chaîne symbolique. Le rapport d'un signifiant (S_1) avec un autre (S_2) est ici rompu. Comme si dans la forclusion, le signifiant n'était plus destiné à d'autres signifiants, comme si les signifiants ne s'articulaient plus entre eux. La particule « pour » de la formule lacanienne : « Un signifiant représente le sujet *pour* d'autres signifiants », a été, dans la forclusion, abolie et le lien signifiant défait.

Mais concrètement, comment l'analyste peut-il distinguer dans la pratique une formation psychique produite par refoulement d'une formation psychique produite par forclusion ?

Pour distinguer une formation de l'objet d'une formation de l'inconscient...

Nous pouvons dégager deux critères minimaux. En premier lieu, dans le cas du symptôme hystérique provoqué par refoulement, un rétrécissement du champ visuel par exemple, l'organe affecté — en ce cas l'œil — garde la valeur symbolique d'être un maillon parmi d'autres dans une chaîne signifiante. En second lieu, et c'est essentiel, le psychanalyste peut se considérer comme partie intégrante de cette même chaîne d'éléments signifiants. Il est d'emblée un élément entre autres de la chaîne, et je dirais même que, par son écoute, il représente la chaîne. La fonction de l'écoute comme champ ouvert à tout événement possible dans une analyse, peut s'écrire avec la notation lacanienne de S_2. Le signifiant S_2 symbolise l'écoute. C'est précisément ce signifiant S_2 que j'ai essayé, à travers la production de sens, de rétablir lors de la période difficile qui a entouré l'opération chirurgicale de mon analysante. A partir de mon écoute (S_2), j'ai pu représenter un signifiant (S_1) qui s'est inséré dans la chaîne inconsciente pour relancer ainsi le transfert.

Néanmoins, le geste analytique le plus typique qui permet à l'analyste de relancer la chaîne, reste

... observez la conduite du psychanalyste

l'interprétation. Une interprétation qui, avec tout son impact signifiant, aura le pouvoir de s'insérer dans la ronde des signifiants, de relancer la répétition, et favoriser la substitution du symptôme hystérique par un autre signifiant. Or cette fonction éminemment signifiante de l'analyste et de son action interprétative, n'a pas cours d'emblée dans le cas d'une maladie organique survenue dans la cure, telle la tumeur de ma patiente. Car en principe la lésion d'organe résiste à s'intégrer dans une quelconque chaîne ou filiation symbolique. Face à la lésion d'organe, l'analyste est démuni de tout pouvoir signifiant et sa meilleure interprétation est impuissante à pénétrer dans la compacité de la jouissance. Il lui reste toutefois la difficile possibilité d' « attaquer » la lésion d'organe non pas de face, mais en passant — nous l'avons vu — par le chemin détourné de la production du sens. Dans notre exemple de la tumeur, je n'ai pas pu donner d'interprétation et j'ai dû me résoudre à donner du sens, action qui s'est avérée finalement efficace.

En un mot, si vous vouliez différencier la lésion d'organe du symptôme de conversion, et plus généralement une formation de l'objet *a* d'une formation de l'inconscient, il vous faudrait avant tout observer la conduite du psychanalyste et les effets de son action auprès du patient.

*

*   *

Conférence

Le concept de Sujet de l'inconscient

... ne nous fier à rien
qu'à cette expérience du sujet
qui est la matière unique
du travail analytique.

J. Lacan

Il semblerait que monter sur cette estrade conduit presque automatiquement à vous demander, vous les auditeurs du séminaire du Dr Lacan, l'indulgence *. Car c'est seulement hier, lundi à midi, que Monsieur Lacan m'a demandé de vous parler d'une question dont je lui avais fait état. Elle concerne la théorie du sujet de l'inconscient. Alors qu'au début de l'année mon projet était d'étudier l'articulation entre le savoir inconscient et l'interprétation, progressivement, au fur et à mesure de certains développements, la question du sujet a pris le dessus, est devenue le problème principal. Ce matin, je me bornerai à un

* Reprise de l'intervention prononcée au séminaire du Dr J. Lacan, sur son invitation, le mardi 15 mai 1979.

rappel succinct des abords possibles du concept de sujet — abords certainement connus de la plupart d'entre vous — afin de vous soumettre ensuite quelques interrogations.

*

*   *

Divisons cet exposé en trois parties : selon le rapport du sujet au savoir inconscient, le rapport du sujet à la logique et, enfin, selon le rapport du sujet à la castration.

I. Notre point de départ sera celui de la psychanalyse elle-même, constitué par ce fait de langage qui s'énonce : « Je ne sais pas ce que je dis. » Si le désir de l'hystérique est fondateur du transfert, le « je ne sais pas ce que je dis » est le fait fondateur de la notion d'inconscient chez Freud, et, nous allons tenter de le montrer, de la notion d'inconscient comme savoir chez Lacan. Ce « je ne sais pas ce que je dis », en réalité, n'est pas seulement au seuil de l'histoire de la psychanalyse, il est aussi le trait d'ouverture d'une ordinaire démarche analytique. A partir de ce « je ne sais pas ce que je dis », pas toujours formulé par l'analysant, l'analyse s'engage sur une demande de savoir, quelquefois explicite, mais inévitablement insistante.

La demande de savoir, c'est le propre de la névrose. Le névrosé se définit par le fait que sa demande, nette, non ambiguë, est d'un savoir ; il veut savoir, il veut que l'Autre lui parle et lui apprenne. Il veut qu'à sa demande réponde une autre demande. C'est dans cette conjoncture que l'analyse commence. Laissons de côté pour l'instant un aspect essentiel : en vue de quelle jouissance s'établit ce commerce illusoire de demander et d'offrir du savoir ?

Mais restons à ce « je ne sais pas ce que je dis ». Je ne sais pas quoi ? Je ne sais pas que ce que je dis est un signifiant. Et qu'est-ce qu'un signifiant ? Fastoche ! comme dirait ma fille. Un signifiant, c'est ce qui représente un sujet pour un autre signifiant ! Qui de vous ne connaît cette formule ? Cette pointe d'ironie de vous écrier « Fastoche ! » a toute sa valeur, car nous sommes arrivés à un point où le signifiant n'étonne plus, ne nous surprend plus, alors que paradoxalement, dans la théorie analytique, pour définir l'étonnement, nous nous servons de ce concept de signifiant : un sujet s'étonne précisément lorsqu'il reçoit l'impact d'un signifiant. S'étonner, c'est supporter la portée du signifiant, ne pas le prendre immédiatement comme un signe, ne pas le saisir, ne pas le comprendre. Car ayant compris, vous perdez votre étonnement. Partant, ne pas s'étonner, c'est être trop sûr de son savoir. Et d'une certaine façon, avec la formule « qu'est-ce que le signifiant ? », c'est cela qui arrive ; on est trop sûr, on adhère trop à ce qu'on comprend.

*

A nouveau : qu'est-ce qu'un signifiant ? Il y a plusieurs façons de l'approcher. L'une va me servir de fil conducteur : le signifiant, précisément, est ce qui n'est pas à comprendre, une représentation non compréhensible. Avec Lacan, il se produit comme une coupure qui a renversé de façon décisive la théorie de la connaissance. Elle consiste en cela que le sujet véhicule une représentation, sans que cette représentation s'adresse à lui. Cette coupure n'existait pas auparavant en philosophie, à une exception près, nous verrons plus tard dans quel courant. Classiquement, la représentation s'offre aux yeux de celui qui la véhicule ; la représentation, c'est représenter pour quelqu'un. Or, la nouveauté chez Lacan consiste à considérer que la représentation véhiculée par le sujet est coupée de lui, ne s'adresse pas à lui. Le sujet la porte, mais le destinataire est autre.

Une telle coupure trouve son préalable dans un concept bien ancien, celui de « représentation non compréhensible ». D'où vient-il ? La lecture de deux beaux livres sur les sceptiques, que je vous recommande : *Le Scepticisme et le Phénomène,* de Jean-Pierre Dumont, et un classique, *Les Sceptiques grecs,* de Brochard *, nous a mis sur la voie. Sans oublier les classiques de Sextus Empiricus qui, sceptique lui-même, a été l'un des meilleurs historiens de ce courant grec. Dans cette philosophie la représentation était considérée comme chose non compréhensible. Certes, ils ne disaient pas, comme je viens de le faire, qu'elle ne s'adresse

* Qu'il me suffise de dire que le scepticisme joue sur deux pivots intéressants par rapport à la psychanalyse, l'un éthique, l'autre constitué par la notion de représentation non compréhensible. Les deux sont liés, car l'éthique chez les sceptiques se fonde en ce type de représentations. Habituellement on généralise pour considérer le sceptique comme un nihiliste qui ne veut rien savoir. En fait, il convient de distinguer deux écoles, celle des Académiciens et l'École pyrrhonienne. C'est cette dernière qui nous intéresse puisqu'elle avance la méthode de la suspension du jugement comme seule adéquation possible à la représentation non compréhensible. Outre que cela les conduisait à rejeter tout dogme ou conception du monde, il nous importe de constater leur rapport à la vérité. Pour les sceptiques de Pyrrhon, la vérité n'est ni à connaître ni à rejeter, mais à suspendre, et l'on doit s'accommoder de ses effets. Quitte à le développer plus tard, cela fait écho à la référence lacanienne de la vérité comme cause. Précisément, un de ces effets est le silence ; pour les sceptiques comme pour nous, il y en a deux types : le « se taire » comme réserve devant ce qu'on ne comprend pas, et le silence, *sileo*, comme effet de la vérité.

pas au sujet, mais ils sont allés assez loin. L'un d'eux, Carnéade, énonçait : « La représentation non compréhensible est liée inéluctablement à d'autres représentations non compréhensibles, et constitue avec elles une chaîne. »

A cette lecture, bien sûr, je n'ai pas pu ne pas penser à notre chaîne signifiante. Mais je ne m'attarderai pas davantage là-dessus.

*

« Je ne sais pas ce que je dis » ; pourquoi ? Parce que ce dit est un signifiant et, comme tel, ne s'adresse pas au parlant, mais à un autre signifiant. Il s'adresse à l'Autre. Je parle, j'émets des sons, je construis des sens, mais le dit, lui, m'échappe. Il m'échappe parce qu'il n'est pas du pouvoir du sujet de savoir avec quel autre dit ce dit va se lier. « Le signifiant s'adresse à l'Autre » veut dire qu'il va se lier à un autre signifiant, ailleurs, à côté, après. Donc, je ne sais pas quoi ? L'effet de ma parole sur vous. Sur l'Autre. Et de ne pas savoir ce que je dis, je dis plus que je ne voudrais.

Je fais remarquer là, bien qu'il ne s'agisse pas de notre thème, que c'est quand je ne sais pas ce que je dis qu'apparaît la question. Quelle question ? La plus pressante : « Que m'arrive-t-il ? » Et, formulée en termes analytiques : « Qu'est-ce que ce signifiant manquant de l'Autre en moi ? Où va s'enchaîner mon dit, et d'où vient-il ? » A seulement poser cette question, le sujet dresse, érige l'Autre comme désirant. Demandez-vous : qu'est-ce que mon rêve, que veut-il dire ? Demandez-vous : pourquoi est-ce que je souffre du symptôme ? Demandez-vous : pourquoi est-ce que j'oublie ? Ce faisant, vous posez l'Autre comme désirant.

En un mot, je ne sais pas ce que je dis parce que mon dit va ailleurs, à mon insu il s'adresse à l'Autre, et à mon insu il me vient de l'Autre. Il vient de l'Autre et il s'adresse à l'Autre, il part de l'Autre, et il revient à l'Autre.

Il existe encore une raison à ce « pourquoi je ne sais pas ce que je dis ». C'est que le sujet qui énonce son dit — j'insiste : le sujet qui énonce — n'est pas le même lorsque le message peut lui revenir. Nous ne sommes plus le même, parce que dans l'acte de dire, *je* change ; l'expression « sujet effet du signifiant » veut dire justement que le sujet change avec l'acte de dire.

Serrons ici les choses d'un peu plus près. Vous connaissez chez Lacan la fonction du *je* dans l'énoncé. En raison de la référence fréquente que Lacan fait à Jakobson et à Jespersen, il y a une curieuse tendance à lui attribuer en retour leur conception du « je », par exemple le concept de *shifter,* alors que justement il ne la retient pas. Lorsqu'un sujet dit « je », ce *je* n'indique pas le sujet de l'énonciation. A cet égard, Lacan n'est pas toujours net ; cependant, il y a, dans les *Écrits,* une proposition sans équivoque : le *je* qui apparaît dans l'énoncé désigne celui qui fait acte d'énoncer ; jusque-là c'est ce que disent tous les linguistes, mais ce qu'ils taisent, le voici : ce *je* désigne le sujet de l'énonciation, mais ne le signifie pas. Ce *je,* donc, par rapport au sujet de l'énonciation, ne nous dit rien. Alors il y a lieu de s'interroger ; dans l'énoncé : « je ne sais pas ce que je dis », ce *je,* à qui réfère-t-il ? Puisqu'il ne saurait signifier celui qui fait acte d'énoncer (sujet de l'énonciation), qui signifie-t-il ? Nous aboutissons donc à la question : qui suis-je, là où je dis, où je porte un signifiant ?

En bref, qu'est-ce que je ne sais pas ?

1. Je ne sais pas que j'étais là sous tel signifiant. Que tel dit a été le signifiant, mon signifiant, le signifiant du sujet, de moi comme sujet (je suis forcé d'utiliser cette expression « moi comme sujet » pour me faire comprendre, mais bien entendu, ils sont radicalement différents). Donc j'étais là, sous tel signifiant, et cela, je ne le sais pas. Je ne sais pas que j'étais là, au point de non-savoir. Et ce point de non-savoir signifie ce qui a échappé à l'Autre et qui s'adresse à lui. Point, donc, manquant de l'Autre.

2. De ne pas savoir quel est le signifiant sous la coupe duquel je me trouvais, j'ignore du même coup l'autre signifiant auquel il s'adresse. Autrement dit : en disant, je ne sais pas quel signifiant m'attend.

3. Je ne sais pas qui je suis.

En somme, vous avez d'une part le sujet fixé, suspendu à un signifiant, celui de son acte de dire. Dire qu'il porte à son insu. D'autre part, les signifiants se succédant l'un derrière l'autre, le sujet en fait n'est nulle part. Je répète, car c'est l'une des propositions auxquelles je voulais aboutir : le sujet est dans l'acte, son acte d'énoncer le dit, mais étant donné que celui-ci vient de l'Autre et s'adresse à l'Autre, que tout se passe entre des dits, le sujet reste suspendu, perdu, effacé dans les mille et un signifiants qui vont s'enchaîner. Nous sommes le sujet de l'acte et paradoxalement avec cet acte, cependant, nous disparaissons. Nous sommes le sujet de l'acte et nous ne sommes pas.

Je prononce « nous sommes ». Or, d'après ce qui précède, « nous sommes » est une inexactitude. Car, si je dis que le sujet est dans l'acte, puis, qu'il s'efface dans tous les dits qui se succèdent, il reste la question : mais qui est ce « nous » ? Je dis « nous sommes », mais comment indiquer autrement que « nous ne saurions spéculer sur le sujet sans partir de ceci, que nous-mêmes comme sujets, nous sommes impliqués dans cette profonde duplicité du sujet » ? (J. Lacan).

Pour mieux vous faire sentir cette césure subjective, je vais faire appel à la littérature, au drame pirandellien, et me référer à ce classique du théâtre représenté récemment à Paris, *Six Personnages en quête d'auteur.* Vous connaissez sans doute l'argument de cette pièce remarquable : six personnages, surgis de rien, montent sur le plateau, s'adressent au metteur en scène, et le supplient de les prendre comme personnages d'une œuvre qui reste à écrire. Quel est le drame qu'ils proposent ? Un drame tragi-comique. La scène qui m'intéresse pour la lecture que je vais faire débute par l'arrivée du père dans une maison de couturières quelque peu équivoque. Au moment de séduire et presque forcer l'une des prostituées, tout en ignorant qu'il s'agit de sa belle-fille, fille de son épouse, il est brusquement découvert par sa femme. A l'instant où ils sont déjà sur le lit, la mère entre et s'écrie : « Mais non, mais non, c'est ma fille ! » Voilà véritablement le feuilleton. Le génie de Pirandello a été d'écrire un roman-feuilleton, bien à l'italienne, bien sicilien, orné, encadré dirais-je, par une pièce de théâtre allemande. Car, au milieu de cette scène presque vaudevillesque, Pirandello prête à ses personnages des réflexions qui, me semble-t-il, procèdent de la philosophie allemande. Voici donc la réplique du père pour convaincre le metteur en scène de l'engager :

Le drame pour moi est là tout entier, monsieur : dans cette conscience que j'ai que chacun de nous — voyez-vous — se croit « un seul », alors que c'est faux : il est « cent », monsieur, il est « mille », selon toutes les possibilités d'être qui sont en nous : il est « un seul » avec celui-ci, « un seul » avec celui-là et ces « un seul » différents au possible ! Et cela, en même temps, avec l'illusion d'être toujours « un seul pour tout le monde », et toujours « cet un seul » que nous croyons être dans tous nos actes. C'est faux ! C'est faux ! Nous nous en apercevons bien, lorsque, dans l'un de nos actes, nous nous retrouvons soudain, par un hasard des plus malheureux, comme accrochés et suspendus : nous nous apercevons, veux-je dire, que nous ne sommes pas tout entiers dans cet acte, et que ce serait donc une atroce injustice que de nous juger d'après ce seul acte et de nous maintenir accrochés et suspendus au pilori pendant une existence entière, comme si celle-ci se résumait tout entière dans cet acte ! Est-ce que vous comprenez maintenant la perfidie de cette fille ? Elle m'a surpris dans un lieu et dans une attitude où elle n'aurait pas dû me voir, elle m'a vu tel que je ne pouvais pas être pour elle ; et la réalité qu'elle voudrait m'assigner est telle que je n'aurais jamais pu m'attendre à devoir l'assumer envers elle, celle d'un moment fugitif et honteux de ma vie ! C'est cela, monsieur, c'est cela dont je souffre surtout...

Ne nous méprenons pas, il s'agit d'un père et, qui plus est, il essaie de convaincre, donc de forcer et se servir des signifiants. Mais l'intérêt de son récit, c'est sa façon de nous dire que la division du sujet, le drame, est de n'être pas tout entier dans l'acte. Je prononce le mot drame, mais une autre expression employée par J. Lacan indique mieux la déchirure subjective, celle de « douleur d'exister ». Qu'est-ce à dire ? Que les signifiants se répètent sans cesse, un à un, et nous, leurs porteurs, nous varions de même, au point de perdre pour toujours toute identité établie. Sujet d'un signifiant, et de tous les signifiants. Le signifiant vient de l'Autre, et retourne à l'Autre, et là il vous attend. Où ? Là où il manque un signifiant.

Suis-je parvenu à vous faire voir qu'être sujet, c'est un événement qui se produit chez l'Autre ? Je reviens d'une autre façon à la question que j'ai abordée l'année dernière sur l'inconscient. Il faut garder présent à l'esprit que lorsque vous avez devant vous un patient, lorsque vous avez devant vous un petit enfant qui dessine, lorsque vous avez devant vous un pervers (si par chance il en vient à l'analyse), lorsque vous êtes en présence de n'importe quel locuteur, alors le sujet de ce sujet qui vous fait face, se fait interlocuteur chez l'Autre. Et je crois que la passion du moi, cette « passion d'ignorance », est si indéracinable qu'à ce moment on oublie et on ne peut penser que c'est chez l'Autre que le sujet se fait. Voici ce que Lacan en dit : « Subjectiver, c'est-à-dire que le sujet se constitue, prend place dans un autre sujet : l'Autre. » On voit donc que le sujet dissous avant l'acte et dissous après l'acte se constitue effacé dans le champ de l'Autre.

Comment tout cela se joue-t-il dans l'analyse, n'est-ce pas une spéculation décharnée ? Quelle autre visée analytique pouvons-nous attendre, si ce n'est que le sujet, dans une analyse, parle, non pas pour dire du sens, pour signifier, mais pour *se* signifier ? C'est-à-dire qu'un sujet parle — là réside le paradoxe — pour disparaître. Pour qu'il fasse acte et s'efface aussitôt. En tant que psychanalystes, nous sollicitons, nous attendons que le sujet démissionne, vienne à l'Autre, disparaisse et, du même coup, relance la chaîne des signifiants inconscients. Le sujet dit et, en disant, il devient sujet et disparaît. Avant l'acte, il n'était pas, après l'acte, il n'est plus. Le sujet « ex-siste » en dehors de cette chaîne, mais par rapport à elle. Voilà ce qu'on pourrait appeler l'antinomie du sujet.

*

* *

II. Nous pouvons, tout d'abord, nous représenter cette antinomie moyennant un objet topologique introduit depuis longtemps dans la théorie lacanienne. Au lieu de définir le sujet, la bande de Mœbius va nous le montrer. Mais il serait faux d'identifier directement le sujet à la bande et de dire, en la signalant : *voici* le sujet. Non, ce qui nous intéresse dans la bande de Mœbius, c'est que sa propriété d'avoir un seul bord change si on y opère une coupure médiane (tout au moins, c'est le cas pour un ruban tordu d'une seule demi-torsion). A ce moment, c'est-à-dire au moment d'accomplir une courbe fermée (qui rejoint son point de départ), la bande proprement dite disparaît ; il en résulte un ruban qui n'est plus une bande mœbienne.

Il ne suffit donc pas de représenter le sujet dans l'espace, il faut aussi l'acte de couper, de tracer une courbe fermée. L'acte de dire est du même ordre, puisque le signifiant détermine, fend le sujet en deux : il le représente et le fait disparaître.

Venons-en à une deuxième façon — logique, cette fois — de considérer l'antinomie. Pour ce faire, reprenons l'analyse, établie de longue date par le discours lacanien, du rapport entre l'Un et le Zéro en correspondance au rapport du sujet et du signifiant. Je me limiterai aux points essentiels de cette corrélation afin de répondre à la question qui nous préoccupe : comment rendre compte de ce fait théorique que le sujet est impossible et cependant nommé, et, plus que nommé, compté pour *Un* (soit-il *Un* en plus ou *Un* en moins) ? Comment cette chose fuyante qu'est le sujet peut-elle être fixée avec un signifiant ?

Le rapprochement avec la définition du Zéro fournie par Frege est, ici, éclairant : c'est un nombre doté de deux propriétés : d'une part, il désigne le concept d'un objet impossible, non pas à l'égard de la réalité, mais de la vérité, parce que non identique à soi, et, d'autre part — par rapport à la suite des nombres —, le Zéro compte comme un. Le Zéro se définit alors en tant que concept de l'impossible et en tant qu'élément occupant une place dans la succession numérique. De même le sujet, tout en étant rejeté de la chaîne signifiante, reste cependant représenté par un signifiant et, partant, élément comptable. Il y a donc une étroite affinité entre le sujet et le Zéro, encore plus serrée et importante si l'on considère cette fonction qui leur est commune : l'un aussi bien que l'autre assure par sa place singulière le mouvement de la suite des nombres. Ainsi, quand nous définissons le sujet de l'inconscient comme effet du signifiant dans l'être parlant, nous voulons dire que le défilé des signifiants à travers nous, fait de nous une constante, un Zéro, un manque, un manque-pilier qui va précisément soutenir toute la chaîne.

*

A ce point de la démonstration, avant d'entrer dans le problème de la castration, anticipons l'interrogation dont je voulais vous faire part : pourquoi, si tout le système est signifiant, si l'ordre est signifiant, y introduire le terme de *sujet ?* Pourquoi Lacan tient-il à garder ce terme, puisqu'en principe, tout conduit à dire qu'il n'y en a pas ? Parce qu'il est clair déjà que du point de vue de la théorie lacanienne il y a place pour l'existence du sujet. Si vous dites : le sujet est sous le signifiant, et puis vous déduisez qu'il n'est plus, vous commettez une erreur. Le sujet est divisé, il est donc aussi dans la chaîne. Lacan a tenu à conserver ce terme de *sujet*, voire à l'utiliser pour démarquer la psychanalyse du formalisme. Alors que ce dernier rejette le sujet, pour nous, psychanalystes, le sujet est la matière de notre praxis.

Même dans son rapport à Freud, Lacan maintient cette nécessité du sujet. Il y a une très belle citation où, parlant de la satisfaction du désir (vous savez que le désir se satisfait avec du symbole, du signifiant), Lacan affirme : « Freud nous dit : " le désir se satisfait ", alors que moi je vous propose : le *sujet* du désir se satisfait. » Pourquoi ne démord-il pas de cette question du sujet ? A reprendre cet écart, cette nuance par rapport à Freud, on peut se demander si c'est le concept de satisfaction qui le conduit à ne pas abandonner le sujet. Est-il nécessaire d'invoquer le sujet pour parler de jouissance ou de satisfaction ? A mon avis, ce n'est pas la voie à suivre ; on dirait même que le rapport entre le sujet et la jouissance est un rapport d'opposition et, avec quelque réserve, on pourrait avancer : là où il y a de la jouissance, il n'y a pas de sujet. Ce n'est donc pas cette problématique de la jouissance qui explique son attachement au concept de sujet.

*

*   *

III. Avant d'exposer quelle problématique ce terme de sujet va résoudre, venons-en à notre troisième rapport, celui du sujet à la castration.

C'est dans le cadre de la castration que nous trouverons chez J. Lacan une première réponse, inspirée du terme d'*aphanisis* extrait de Jones, auquel il se réfère dans la plupart de ses séminaires pour en faire — non sans admiration — la critique. En ce sens, certains concepts importants dans la théorie lacanienne portent si fortement le sceau de Jones que je me suis dit que Lacan aime Freud comme son double, mais que c'est Jones qu'il désire. Donc, quand Freud écrit : le désir se satisfait, lui dit : le sujet du désir se satisfait. Jones propose : aphanisis du désir, Lacan dit : non, c'est l'aphanisis du sujet. Ce n'est donc pas que le sujet soit absent de la chaîne des signifiants, ce n'est pas que nous ne soyons pas les mille et un événements qui vont se succéder, c'est que le sujet est, mais comme effacé, que le sujet « s'aphanise », s'évanouit chez l'Autre.

Si nous nous rapportons à la castration et à la distinction établie par Lacan, il y a déjà plusieurs années, entre avoir le phallus et l'être, nous verrons ce concept d'aphanisis se dédoubler selon la place que le sujet occupe en référence au signifiant ou à l'objet phallique.

Je ne puis entrer ici dans l'examen approfondi d'un point que nous avons traité ailleurs. Demandons-nous simplement, en matière de rappel, ce que nous voulons dire quand nous utilisons l'expression bien connue de « être châtré » ? Trois significations s'y attachent. Tout d'abord que l'être parlant s'affronte au sexe avec deux moyens, le signifiant (symptôme ou pas) et le fantasme ; moyens artisanaux, incapables de résoudre l'impasse de la jouissance entendue ici comme inexistence du rapport sexuel. Ensuite que le recours aux signifiants est une contrainte et une soumission : contrainte à une répétition inutile car la suppléance ne s'accomplit pas, elle rate, et soumission au terme qui ordonne cette répétition : le signifiant phallique. Avoir le phallus veut dire ceci : ne rien avoir du tout et rester cependant soumis à la fonction phallique. Et enfin, que, dans ce travail de mise à jour successive des signifiants au cours d'une vie, le sujet s'éteint passivement, s' « aphanise ». C'est là une des formes de disparition. L'autre forme relative à être le phallus dépend d'une dimension bien différente, celle du fantasme où nous voyons disparaître le sujet caché derrière l'objet fantasmatique. Il faut donc très sommairement distinguer deux classes d'aphanisis, deux façons de ne plus être là (ce qui est tout autre chose que de ne pas être) : une façon propre à la répétition, l'autre propre à l'occultation.

On voit donc sans peine que la *castration* n'est pas une opération négative d'élimination d'un organe ; c'est au contraire un travail de prolifération inexorable de signifiants successifs. Et, si quelque chose est affecté de privation, ce n'est pas le pénis, c'est le sujet lui-même. Châtrer, c'est décapiter car, plus les signifiants insistent et se répètent, plus le sujet est en moins.

Si maintenant, pour résumer, nous changeons de vocabulaire et demandons à nouveau ce qu'est la castration, nous dirons qu'elle est une initiation, une entrée de l'enfant dans le monde des limites en vue de rencontrer la jouissance, non pour la connaître mais la signifier, au prix de disparaître. Une fois de plus, nous aboutissons à la même conclusion : l'enfant entre dans le monde et il s'évanouit.

*

IV. Revenons à l'interrogation de tout à l'heure : de quelle sorte d'obstacle ce terme de sujet nous affranchit-il ? Je soumets à votre appréciation l'idée que l'impasse levée par J. Lacan est l'alternative déjà très ancienne de l'être et du non-être. Il lui fallait — selon mon interprétation — ne pas ontologiser le sujet, ne pas en faire un substrat ; il lui fallait, autrement dit, ne pas le plaquer à la notion de représenté. Il était nécessaire que le sujet ne soit pas seulement une chose marquée par la représentation, ce qui pour un Berkeley se traduirait par sa célèbre formule : « l'être, c'est l'être perçu », et, pour nous, par : « le sujet, c'est le sujet représenté ». Il s'agissait donc pour Lacan d'éviter ce sujet-substrat, identifié exclusivement à une représentation. Si le sujet n'était que cela, pure représentation, nous serions naturellement conduits à l'ériger en entité absolue, substantielle. Or il fallait, pour ne pas finir dans le filet de la métaphysique, que le sujet soit autre.

Lacan, donc, garde d'une main cette notion de représenté mais, pour que cela ne soit pas un substrat, il introduit alors de l'autre la notion de sujet effacé dans toute la chaîne des signifiants refoulés. L'inverse étant valable : la nécessité de ne pas faire disparaître complètement le sujet explique le recours à la notion de sujet représenté. Cette double prise, bien sûr, c'est le sujet divisé.

Je veux être clair sur ce point : l'astuce n'est pas tant d'avoir divisé le sujet — il aurait pu le diviser en être et non-être — que de l'avoir divisé entre la représentation et l'ensemble des représentations. Quel intérêt cela a-t-il ? C'est que de cette façon, il divise le sujet entre l'être représenté et, d'autre part, le fait éclater en autant de dires, en autant de signifiants qui s'ordonnent en chaîne. Ainsi, il garde le sujet et conserve surtout la chaîne : la chaîne des représentations inconscientes ou la chaîne des signifiants. J'insiste encore sur le fait que la division du sujet n'est pas entre l'être et le non-être, mais entre l'*Un* et l'Autre, entre un signifiant qui le représente et l'évanouissement dans la chaîne ou bien, pour reprendre nos lettres, entre S_1 et S_2.

Or la solution de diviser le sujet en éludant ces deux risques repose tout entière sur la fonction représentative : un signifiant représente le sujet pour un autre signifiant. Sans ce concept de représentation, la division du sujet serait impensable, car c'est par un signifiant que le sujet demeure attaché au système des représentations.

Mais, et voici l'interrogation dont j'ai fait état à monsieur Lacan et que je vous soumets : cette amarre de la représentation n'est-elle pas trop mince pour maintenir ensemble deux dimensions si hétérogènes, la détermina-

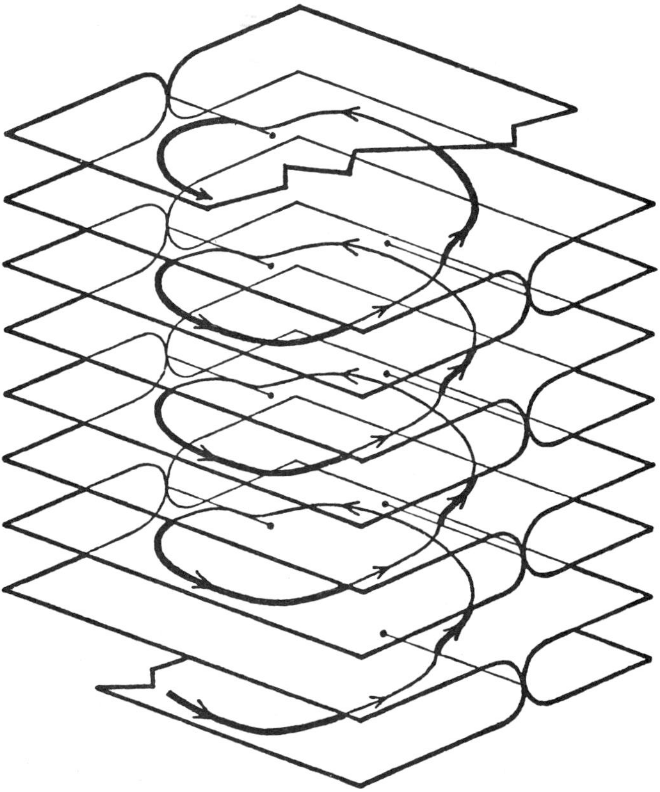

Surface de Riemann de la fonction analytique arc sinus. Parmi les différentes surfaces de Riemann, celle-ci — par le nombre infini de ses feuillets superposés — figure le mieux notre thèse d'un sujet feuilleté de l'inconscient.
Dessin réalisé suivant une suggestion de François Tingry.

tion signifiante et l'effet d'un sujet disparu ? Comment concevoir que la représentation puisse réunir la détermination et le rejet, la cause de l'abolition et ce qui est aboli ? Pour certains d'entre vous une telle question peut susciter des objections parmi lesquelles quelques-unes pourraient même se trouver déjà dans la trame de cet exposé, voire être avancées par moi-même. Cependant, je préfère au contraire ne pas faire taire la question et la laisser nous conduire, quitte à ce que, plus tard, nous soyons obligés de revenir sur nos pas.

Donc, à partir de cette mise en cause de la représentation en tant que diviseur du sujet, il me semble possible, plutôt que de diviser horizontalement le sujet, essayer de le multiplier verticalement en autant de signifiants qui composent une chaîne. Un sujet étagé, feuilleté en somme. Cette conception spatiale du sujet nous est apparue avec la considération d'une certaine classe de surface topologique, nommée surface de Riemann *, définie par une fonction analytique. Riemann, savant et mathématicien du XIXe siècle, avait génialement résolu — dans le cadre de la théorie des fonctions analytiques à variable complexe — le cas anormal d'une fonction multiforme. C'est le cas — je ne fais que le mentionner — d'une variable (relative à un nombre complexe, par exemple racine carrée de z) à

* La surface de Riemann, ou structure de variété analytique complexe, est une des sources communes à la théorie des fonctions algébriques et à la topologie. Une des propriétés, qui peut particulièrement nous intéresser dans le maniement des objets topologiques introduits par Lacan, est l'orientabilité de la surface de Riemann. Inversement, toute surface fermée orientable est homéomorphe à une surface de Riemann, c'est le cas de la sphère, du tore et du tore troué (à p trous). Pour cette dernière remarque, on peut consulter sans trop de peine le chapitre II de G. SPRINGER, *Introduction to Riemann Surfaces*, Reading, 1951.

laquelle correspond plus d'une fonction. Afin de lever l'obstacle d'une irrégularité gênante pour d'autres calculs (calcul intégral), Riemann sort, pour ainsi dire, du champ propre des fonctions algébriques et recourt à l'espace géométrique, voire à l'imaginaire de l'espace. Ainsi, il procède à une multiplication de la variable en autant de valeurs qu'il y a de fonctions. Au lieu donc de chercher à réduire le nombre de fonctions et accorder une fonction à une variable, il trouve ce même accord en découpant la valeur de la variable ; en un mot, au lieu de diminuer les fonctions, il démultiplie la variable **. Or cette multiplication aura, tout au moins dans la démarche de Riemann (cela a été modifié depuis), un support spatial, topologique. Il dresse en hauteur un bâti composé de feuillets superposés, chacun correspondant à une valeur et l'ensemble recouvrant le plan des nombres complexes. Le nombre d'étages ou de feuillets peut, selon le genre de surface, monter à l'infini. C'est cette structure, précisément, que l'on nomme surface de recouvrement, ou de Riemann.

L'analogie d'une analyse de ce type avec le sujet est pour nous remarquable. Pourquoi ne pas supposer, quitte à nous reprendre, que le sujet subit le même accroissement, le même feuilletage que Riemann faisait subir à la valeur de la variable et supposer encore que, si le sujet se multiplie ainsi à la mesure des signifiants composants de la chaîne, il finit par s'y identifier ? Nous savons bien que cela signifierait libérer le sujet de toute attache au système, puisque ce système, il le devient ; nous savons aussi qu'il

** Il est intéressant de noter que cette découverte de Riemann est en étroite dépendance dans sa théorie des multiplicités (très marquée par la philosophie de Herbart). Cf. l'ouvrage de B. RUSSELL, *Fondements de la géométrie*, Gauthier-Villars, 1901.

existe un nom pour désigner cette assimilation du sujet à la chaîne, le sujet-supposé-savoir ; nous savons encore, comme j'ai essayé de l'expliquer, qu'il ne faut pas confondre négation du sujet et dépendance du sujet, qu'une chose est de dire que le sujet n'est pas et une autre qu'il s'aphanise. Tout cela, nous le savons. Mais d'ordinaire, quand les psychanalystes que nous sommes pratiquent aussi bien la théorie que l'analyse, ce sujet glisse entre nos doigts ; nous raisonnons et philosophons comme si en fait le terme de sujet n'était qu'un ornement surajouté, un « joker » commode dans le jeu théorique. Tout se passe comme si nous étions « sujetistes » de pensée mais formalistes de cœur.

Or, quand nous proposons, avec l'appui de la surface de Riemann, de voir le sujet se feuilleter et disparaître, nous sommes en train de pousser à la limite notre intuition qui néglige le sujet ; mieux, peut-être nous sommes en train d'interroger cette intuition comme un symptôme au lieu d'essayer obstinément de la corriger. Le terrain serait alors plus dégagé pour reconnaître aisément la nécessité d'approfondir l'aphanisis effective du sujet et, du même coup, en conséquence, de retravailler la dimension imaginaire du moi. A partir de nos formulations sur le sujet, c'est tout particulièrement ce thème du moi et de l'intuition * qui s'offre à l'examen. Si le sujet reste confiné à la chaîne comme nous le supposons, s'impose alors la nécessité de nous pencher sur la portée de l'instance imaginaire du moi et d'analyser plus à fond son rapport à l'intuition **.

* Ce travail pourrait commencer avec la question suivante : quel rapport y a-t-il entre le *schème* chez Kant et la notion de fantasme chez Freud ?

** Au moment de sa découverte, Riemann a eu un geste essentiellement intuitif, intervenant dans un espace essentiellement imaginaire et non pas algébrique.

Bref, il s'agirait de maintenir vive la question : « Qui est le sujet ? » Si nous reprenons notre terminologie en parlant de la castration, si au lieu du sujet nous disons l'enfant, si au lieu de chaîne nous traduisons loi du père, si au lieu d'affirmer simplement jouissance, nous ajoutons jouissance de la mère et si, enfin, nous nous demandons qui est cet enfant de la psychanalyse, qui est cet enfant magnifique dont la psychanalyse parle tant pour soutenir ses hypothèses, nous devrons alors répondre que cet enfant, ce sujet donc, est celui qui parle et pense avec des mots du père attirés par la jouissance de la mère. C'est l'enfant qui ne sait pas ce qu'il dit. L'enfant merveilleux de la psychanalyse, nous les êtres parlants, nous ne sommes que des êtres de vent, des messagers évanouissants entre la jouissance qui aspire les mots et le nom du père qui les ordonne.

*

*   *

Le concept de savoir inconscient

V. Afin de préciser le concept de savoir en psychanalyse, rappelons que le point où le sujet est représenté n'est pas un signifiant quelconque. Dans notre démonstration, il répond à deux fonctions :

- c'est le signifiant qui manque à l'Autre, qui manque à la chaîne ;

- c'est ce signifiant qui, tout en représentant le sujet, entoure le trou du non-savoir.

Vous pourriez me signaler une contradiction :

« Vous affirmez qu'il y a non-savoir, donc qu'un signifiant manque, puis vous dites cependant qu'un signifiant entoure le trou du non-savoir. » Ce sont deux choses différentes : c'est un trou et, par ailleurs, il est cerné par un signifiant. Donc le sujet est représenté par un signifiant manquant à la chaîne et secondairement, ce signifiant entoure le point de non-savoir. Comme sujet, je me réalise là où je ne sais pas.

Cette question n'est pas simplement spéculative; car ce trou du non-savoir prendra la portée de ce dont on ne pourra jamais être sûr, ni par le sujet ni par le savoir lui-même (je n'ai pas encore défini le savoir). Ce trou, c'est le sexe. Sexe en psychanalyse ne veut pas dire sexe génital. Le sexe est défini dans la théorie analytique comme « il n'y a pas de rapport sexuel », c'est-à-dire, il n'y a pas de signifiant qui puisse signifier le sexe. Alors que le sujet, lui, au contraire, peut être signifié. Le sexe est ce qui n'est pas su. Et c'est à ce point précis de butée avec le sexe où le sujet ne sait pas, que le sujet se constitue.

Arrivé à ce moment, on pourrait nous demander :

« Vous avez dit tout à l'heure que le sujet était Zéro, le manque qui vient soutenir la chaîne ; que la succession signifiante s'étaie sur un sujet Zéro, marqué par un signifiant ou, si vous pensez à une chaîne numérique, par un nombre. Voilà que maintenant vous introduisez un autre terme, le sexe, que vous qualifiez aussi de trou. Resterait à savoir quel rapport existe entre le sujet comme manque et le sexe comme non su. »

Il y a bien sûr diverses façons de traiter cet « os » que nous allons retrouver plusieurs fois sur notre chemin, du rapport entre différents manques. Un abord possible est de situer le sexe comme ce qui écarte la moitié d'un sujet de l'autre moitié, c'est-à-dire que le sujet divisé est écartelé par le trou sexuel. Une autre façon est de dire que ce sexe — identifié avec la cause du désir — est distinct du sujet Zéro. C'est à mon avis une chose acquise de définir le sexe par le point où, dans la chaîne, il n'y a pas signifiant, comme le trou laissé par le signifiant tombé de la chaîne, là où s'institue le sujet.

Mais à cet égard, j'aimerais faire une remarque. De la même manière que je disais tout à l'heure que le sujet se fait dans le champ de l'Autre, il faut garder à l'esprit que le sujet se fait dans le champ de l'Autre là où manque un signifiant, c'est-à-dire là où il retrouve la butée du sexe.

L'occasion est propice d'introduire la question du savoir. Mais pour cela, il me faut passer auparavant par la notion d'oubli. Voici l'hypothèse : la notion de savoir surgit comme l'envers de ne pas savoir. Notons que ce mécanisme de renversement, à l'origine du terme *savoir*, J. Lacan le représente avec la bouteille de Klein. L'une des formes de ce « ne pas savoir » est en effet l'oubli. Qu'est-ce que l'oubli ? Un trou, mais pas le trou d'un souvenir. Ce n'est pas oublier une scène, un sens, une image ; un oubli n'est pas un souvenir qui ne vient pas. Un oubli, d'après Freud, c'est un défaut de signifiant, c'est-à-dire que quelques éléments minimaux ont disparu, par exemple les phonèmes.

Avec l'oubli, je vais reprendre plus précisément une idée que j'énonçais plus haut. L'oubli, en tant que défaut de signifiant, est lui-même signifiant. Il s'agit presque d'un défaut positivé, entouré, marqué par un signifiant. Il convient cependant de nuancer : on peut dire, soit que ce défaut de signifiant est un trou marqué par un signifiant — et de ce fait il devient un trou signifiant — soit qu'il y a un défaut de signifiant parce que des signifiants viendront à la place du trou, en prétendant se substituer au signifiant disparu.

Rappelons-nous ici une autre définition du signifiant : le signifiant est ce qui est effaçable. Un signifiant est ce qui disparaît, ce qui est gommable, substituable. Il y a là, à mon avis, un rapprochement à faire avec la notion de trace, d'effacement, que quelques-uns d'entre vous certainement connaissent. Faisons appel à l'allégorie de la trace et de son effacement. La trace laissée par le pied de Vendredi est effacée ; on dira que cette trace, une fois effacée, devient signifiante. Mais attention, elle ne devient pas signifiante parce qu'elle est effacée, mais parce que je marque d'une croix le lieu où elle a été effacée ou parce que je laisse ma propre trace dans l'effacement. En réalité, trois moments se distinguent : trace, effacement de la trace, et marque de l'effacement. C'est à ce dernier degré que naît le signifiant, et que surgit le sujet. Le sujet est contemporain de ce double effacement. Dans le cas de l'oubli, il est important de voir qu'il y a un effacement de signifiant, mais que cet effacement, ce défaut, ce signifiant qui file, sera l'objet d'une substitution. Un autre viendra à sa place. Ce signifiant qui file, que devient-il ? Où s'enfonce-t-il ? Il ne disparaît pas, il se condense avec le signifiant qui va faire substitution ; c'est là le mécanisme de la métaphore : substitution et condensation.

Le trou de l'oubli, donc, fait un : l'Un du trou, l'Un de la faille, l'Un de la rupture, l'Un où le sujet viendra ; c'est là que nous nous faisons.

Il faut ajouter que cette condensation, cet effacement d'un signifiant sur un autre qui disparaît, fait un nouveau signifiant, celui que j'avais nommé par ailleurs le *signifiant métaphorique,* c'est-à-dire le signifiant en plus, l'Un en plus. C'est pourquoi il ne se produit pas uniquement un travail de substitution, mais un travail de substitution et de condensation.

Cet Un du trou, cet Un de la faille, en tant que Un, se lie à tous les autres signifiants, je veux dire, pour paraphraser la formule célèbre : « Le signifiant représente le sujet pour les autres signifiants », que cet Un de la faille s'adresse, se réfère, à un autre signifiant. A « un autre », au singulier, ou « aux autres », au pluriel ? A cet égard, les textes lacaniens sont ambigus. Je vous propose de considérer que l'autre signifiant est le tenant-lieu de toute la chaîne, ou bien de le situer au premier rang de la suite. A la différence du S_1, l'Un du trou, le S_2 désigne tous les autres signifiants. Le but de ma démonstration est d'affirmer que l'Un de l'oubli, cela aussi s'oublie. L'oubli est un, l'Un du trou, l'Un de la faille. Pourquoi le penser comme Un ? Parce qu'il est relié aux autres, aux prochains oublis, aux oublis passés : cet Un de l'oubli va à son tour disparaître au profit de prochains Un, d'autres signifiants à venir.

C'est pourquoi l'oubli n'est pas un trou de mémoire, mais plutôt la mémoire freudienne comme trou. Entendons-nous : la chaîne se confond avec le trou, comme si tous les signifiants étaient un seul trou. Car, cette chaîne, où se trouve-t-elle ? D'où tirons-nous l'hypothèse que tous les autres signifiants font chaîne ? Pourquoi supposons-nous que ces autres signifiants s'ordonnent d'une manière savante ? Je disais plus haut que le signifant n'est pas à savoir, mais les signifiants dans leur ensemble sont un savoir, font savoir, ils savent. Que savent-ils ? Pourquoi dire que la chaîne est un savoir ? De la même manière que Jones a inspiré Lacan pour le terme d' « aphanisis », c'est Newton qui, avec sa fameuse question, lui inspire la notion de savoir inconscient : comment se fait-il qu'un corps, la masse d'un corps, soit lié à un autre corps, à une autre masse, de telle façon qu'aucun des deux ne se détruise et ne s'éloigne, qu'ils soient en relation et gardent la bonne distance ?

Nous pouvons poser la même question à propos des signifiants : comment savent-ils à quelle distance l'un de l'autre se rapporter ? Comment savent-ils faire chaîne ? Comment savent-ils s'ordonner ? Un signifiant sait se référer à un autre pour pouvoir signifier. Quoi ? Le sujet. Mais comment savent-ils se référer l'un par rapport à l'autre ? Un signifiant est ce qui représente un sujet *pour* d'autres signifiants. La clé de la formule, en vue du statut du savoir, se trouve dans ce terme *pour*, où commence et gît le savoir. Bref, comment les signifiants savent-ils maintenir ce *pour ?*

Enfin, cette question newtonienne — comment la loi de la gravitation est-elle possible ? — ouvre l'entrée à Dieu. A quel dieu ? Celui de Newton ! Qui n'est pas le même dieu que le dieu de Descartes. Le dieu de Newton est un divin architecte, non pas un dieu garant de vérités éternelles. C'est-à-dire que l'appareil fabriqué par ce dieu newtonnien peut ne pas très bien marcher. Il peut ne pas toujours savoir. Cela doit être souligné, car le savoir dont je parlais, ce savoir signifiant, n'est pas, en fait, un savoir parfait ; les signifiants s'ordonnent en fonction d'un point où ils ne savent plus. J'énonçais bien : le savoir s'ordonne à partir d'un non-savoir. Autrement dit, le signifiant s'ordonne d'une manière savante, mais en fonction d'un point de butée, incarné, par exemple, par le Hasard, le Réel, comme si le savoir signifiant consistait à savoir... rater. Le dieu de Newton nous intéresse à cet égard, car il tient compte d'un ordre qui ne fonctionne pas toujours. A mon sens, le concept de l'inconscient comme savoir dépend beaucoup de cette interrogation newtonienne, ainsi que du dieu qu'il bâtit.

Ajoutons, pour finir, que si vous supposez le sujet dont je parlais plus haut dissous dans la chaîne, aphanisé, si vous le faites vivre comme savoir, si vous l'érigez, vous obtiendrez le sujet-supposé-savoir. Le sujet-supposé-savoir, c'est le savoir du sujet, le sujet du savoir. Alors que ce sujet du savoir est un sujet disparu, le sujet-supposé-savoir est un sujet qui vit sous-jacent au savoir, dans le savoir. Ce qui me paraît essentiel, c'est que cette façon de concevoir le rapport du savoir au sujet pose le problème de l'application de ce concept, sujet-supposé-savoir, à l'analyste, non pas en termes d'avoir ou de ne pas avoir le savoir, mais plutôt en termes d'*être ou ne pas être le savoir*. En un mot, caractériser le psychanalyste de sujet-supposé-savoir signifie non pas le fait de lui attribuer une quelconque connaissance en plus, mais supposer qu'il *est* le savoir inconscient.

*

* *

NOTES

1. Les concepts de « castration » et « phallus » ont été développés dans mon livre *Enseignement de 7 concepts cruciaux de la psychanalyse*, Rivages, 1988.

2. J. LACAN, *Télévision*, Seuil, 1974, p. 34 et 35.

3. J. LACAN, *Le Séminaire*, livre XX, *Encore*, Seuil, 1975, p. 95.

4. G. CANTOR, « Fondements d'une théorie générale des ensembles », in *Cahiers pour l'Analyse*, Seuil, 1969, pp. 35-52.

5. J.-D. NASIO, *La douleur en psychanalyse*, séminaire inédit, 1984 ; *L'hallucination et la douleur inconsciente*, séminaire inédit, 1985.

6. *Télévision*, *op. cit.*, p. 26.

7. *Scilicet* 6/7, Seuil, 1976, p. 25.

8. La différence entre le dire et le dit a largement été traitée par Lacan dans un texte que je vous recommande tout particulièrement : il s'agit de « L'Étourdit », publié dans *Scilicet* 4, Seuil, 1973, pp. 5-52.

9. Précisons que la notion d'ex-sistence est aussi employée par Lacan pour désigner la place excentrique où il situe le sujet de l'inconscient. Nous utilisons ce même terme d'ex-sistence dans un sens voisin quand nous désignons la place de l'*Un*, car l'*Un* est le signifiant qui, précisément, représente le sujet.

Dans nos propos nous soulignons un autre sens du mot ex-sistence quand nous disons que l'*Un* fait ex-sister l'ensemble.

10. Nous avons développé le rapport de la théorie lacanienne du signifiant et de l'axiomatique de Peano, dans *Les Yeux de Laure. Le concept d'objet* a *dans la théorie de J. Lacan*, Aubier, 1987.

11. Le lecteur pourra se reporter à mon article consacré à la guérison : « La guérison : un point de vue lacanien », in *Esquisses psychanalytiques*, n° 15, 1991.

12. De cet art, vous trouverez une description admirable dans l'ouvrage déjà classique du grand musicologue français Maurice Emmanuel, *La Danse grecque antique*, Hachette, 1896.

13. *Les Yeux de Laure. Le concept d'objet* a *dans la théorie de J. Lacan*, *op. cit.*

14. Le lecteur pourra rapprocher cette thèse qu'il n'y a de trou sans l'énergie qui anime et fait palpiter les bords, des élaborations développées par Lacan à partir du théorème de Stockes. Cf. *Écrits*, Seuil, 1966, p. 847, note. Sur le théorème de Stockes, on peut consulter l'excellent ouvrage de E. M. PURCELL, *Berkeley : cours de physique*, vol. 2, Armand Colin, 1982, p. 66.

15. Notons ici combien cette condition symbolique de production de l'objet *a*, représentée par la fente orificielle, rejoint la notion de « singularité lèvre » proposée par René THOM dans son ouvrage *Stabilité structurelle et morphogénèse*. Le dessin qui dans notre figure 4 représente la fente (« singularité lèvre ») a été emprunté à « René THOM expliqué par lui-même », in *Pistes*, n° 1, 1989, p. 48.

16. *Écrits, op. cit.*, p. 848.

17. *Résultats, idées, problèmes*, II, P.U.F., 1985, p. 287.

18. Le lecteur désireux d'approfondir cette question se reportera à mon texte « Penser l'objet *a* avec le cross-cap », in *Les Yeux de Laure. Le concept d'objet* a *dans la théorie de J. Lacan*, *op. cit.*, p. 193-216.

19. « Radiophonie », in *Scilicet* 2/3, Seuil, 1970, p. 65.

20. « Le trouble psychogène de la vision », in *Névrose, psychose, perversion*, P.U.F , 1978, p. 173.

21. *Psychopathologie de la vie quotidienne*, Payot, 1984, p. 276.

TABLE

Première Leçon : L'inconscient et la jouissance 13

Premier principe : « L'inconscient est structuré comme un langage », 15.
L'expérience analytique. — Les trois caractéristiques du symptôme. — Le psychanalyste fait partie du symptôme. — Le sujet-supposé-savoir. — Un symptôme est un signe mais aussi un signifiant. — Le symptôme est une souffrance questionnante. — Qu'est-ce qu'un signifiant ? — Les trois propriétés du signifiant. — La répétition des signifiants. — L'inconscient est un savoir. — L'analyste et l'analysant sont inclus dans un seul et même inconscient.

Second principe : « Il n'y a pas de rapport sexuel », 33.
L'acception psychanalytique du mot « jouissance ». — Les trois destins de l'énergie psychique chez Freud. — Les trois catégories de la jouissance chez

Lacan : la jouissance phallique, le plus-de-jouir et la jouissance de l'Autre. — Le rapport sexuel incestueux est impossible à réaliser par le sujet, à inscrire dans l'inconscient, à écrire dans la théorie. — Les signifiants ne signifient pas la jouissance mais la localisent. — Phallus et jouissance. — Pour Lacan, la jouissance n'est pas une énergie. — Une proposition : la jouissance est l'énergie de l'inconscient. — La jouissance est un trou dans l'inconscient. — Le refus de jouir. — Le désir : une défense contre la jouissance. — Le langage rend le désir insatisfait. — Plaisir et jouissance. — Le ressenti de la jouissance. — L'action, expression de la jouissance. — Temps, plaisir et jouissance. — La jouissance du pervers. — La jouissance dans la cure. — Le concept lacanien de jouissance à la lumière du concept freudien d'énergie.

*

Deuxième Leçon : L'existence de l'inconscient .. *65*

Quand peut-on dire que l'inconscient existe ?, 67.
L'inconscient se produit, unique, au sein du transfert. — L'inconscient est un nom.

L'inconscient se manifeste dans « lalangue », 72.
L'inconscient est un savoir manifesté dans la partie maternelle de la langue. — « Lalangue » est une langue liée au corps et chargée de sens.

L'inconscient est une structure qui s'actualise, 77.
Trois critères pour définir une structure. — Le mou-

vement de la structure : la notion lacanienne d'« automatisme de répétition ». — La place de l'*Un* et la place de la chaîne. — La matrice formelle de la structure : existence, consistance, trou et sujet. — Le moteur de la structure : le trou. — Synthèse de vues sur l'inconscient. — Lacan formalise le rapport de l'*Un* à l'ensemble. — La paire signifiante S_1/S_2. — Les concepts importés par Lacan : l'axiomatique de Peano, la logique de Frege, les propositions de Cantor, la théorie des nœuds, la topologie, la linguistique générale.

L'inconscient est le déplacement du signifiant entre patient et analyste, 95.
L'exemple d'un patient phobique. — Le signifiant n'a pas de sens, mais il n'agit que sur fond de sens. — Le signifiant n'est jamais seul, mais articulé à d'autres. — La répétition chez l'analyste des symptômes du patient. — L'intérieur et l'extérieur de la psychanalyse. — Il n'y a pas de métalangage.

Le sujet de l'inconscient, 110.
Psychanalyse et science : pas de signifiant sans sujet. — La naissance du sujet de l'inconscient.

*

Troisième Leçon : Le concept d'Objet a *115*

Le but thérapeutique de la psychanalyse, 117.
L'exil. — Rencontrer le Ça à l'extérieur de nous-mêmes. — La guérison est un effet secondaire de

la cure. — Le semblant du psychanalyste : feindre l'oubli. — La féminité du psychanalyste.

L'objet a, *123.*
L'objet *a* construit par Lacan.

Le problème de l'autre, 124.
L'autre est une image. — L'autre est une partie jouissante de mon corps (fantasme). — L'autre est un trait.

Le statut formel de l'objet a, *128.*
L'objet *a* est hétérogène à l'ensemble signifiant. — L'objet *a* est le trou, cause de l'ensemble signifiant. — Qu'est-ce qu'un trou ? — La représentation psychique d'un trou. — Refoulement du trou et investissement de la saillance. — Qu'est-ce qu'un orifice érogène du corps ? — L'objet *a* est un flux permanent de jouissance.

Le statut « corporel » de l'objet a, *133.*
Cinq variétés corporelles représentatives de l'objet *a :* le placenta, le sein, les excréments, le regard, la voix. — Trois conditions de production de l'objet *a* : la saillance (condition imaginaire), les bords orificiels (première condition symbolique), la parole qui sépare (seconde condition symbolique).

Le sein comme objet a, *138.*
La coupure signifiante d'un cri. — Le sein halluciné : objet du désir. — Le sevrage symbolique. — L'anorexie. — L'objet *a* n'appartient à personne. — Demande insatisfaite et désir insatisfait. — L'objet du désir se substitue pour l'enfant à l'objet impossible

de l'inceste. — La condition symbolique : la parole qui sépare. — L'enfant est le sein halluciné (fantasme). — Quatre temps du rapport du sujet avec le sein : avoir ou être le sein.

Résumé sur l'objet a, *en six propositions sous l'angle de la triade besoin, demande, désir, 151.*
Le fantasme compris comme une identification du sujet avec l'objet halluciné du désir. — L'objet *a* est le trou (plus-de-jouir).

*

Quatrième Leçon : Le fantasme *159*

Le propre de la psychanalyse, 161.
La manière de parler de l'analysant. — La façon qu'a le psychanalyste d'occuper sa place.

Clinique du fantasme, 166.
Comment reconnaître et reconstruire le fantasme inconscient dans une cure ? Repères pratiques. — La logique formelle du fantasme : identification du sujet à l'objet qu'il perd. — Trois formations de l'objet *a* : le fantasme, l'hallucination, le rêve. — Synthèse de vues sur l'objet *a*.

Le corps, un foyer de jouissance, 177.
Le corps est le lieu de la jouissance. — La jouissance est une tension excessive. — L'exemple du voyeur : le plus-de-jouir et la jouissance de l'Autre. — L'exemple du danseur : il n'est de jouissance que du

corps partiel. — La jouissance dans le suicide. — Il n'y a pas de rapport sexuel signifiant. — Dans un rapport sexuel effectif, le partenaire est toujours un objet partiel.

*

Cinquième Leçon : Le corps *191*

La présence de la théorie dans l'écoute. — Corps sexuel, corps symbolique et corps imaginaire. — Il n'y a de jouissance que du corps partiel. — La jouissance partielle et le corps organique sont disjoints. — Le corps partiel se déduit de la fiction d'un corps total. — Présence massive du corps réel dans la cure. — Les formations de l'objet *a*. — Un exemple clinique : la tumeur oculaire. — Face à une formation jouissante de *a*, l'analyste ranime le sens. — Trois positions différentes du psychanalyste : être un corps (plus-de-jouir), être un maître (S_1) et être une écoute (S_2). — Distinction entre les formations de l'inconscient et les formations de l'objet *a*. Leur repérage clinique.

*

Conférence : Le concept de sujet de l'inconscient *223*

I. *Rapport du sujet au savoir inconscient, 226.*
Qu'est-ce qu'un signifiant ? — La théorie des sceptiques grecs sur le concept de représentation. — La

place du « je ». — Le sujet vacille entre le signifiant (S_1) qui le représente et la chaîne (S_2) où il se dissout. — Le théâtre de Pirandello. — La douleur d'exister. — L'ex-sistence du sujet.

II. *Rapport du sujet à la logique, 235.*
Présentation topologique de la vacillation du sujet. — Présentation logique de la même vacillation : la théorie de Frege.

III. *Le rapport du sujet à la castration, 238.*
L'aphanisis du désir (Jones) et l'aphanisis du sujet (Lacan). — Trois réponses à la question : « qu'est-ce qu'être châtré ? ». — Le concept de phallus. — La castration n'est pas une opération négative, mais un acte créateur.

IV. *Notre thèse du sujet feuilleté de l'inconscient, 240.*
La surface de Riemann. — Qui est le sujet ?

V. *Le concept de savoir inconscient, 246.*
La connexion entre signifiants. — L'allégorie de la trace et de son effacement pour illustrer la naissance du signifiant. — Les signifiants « savent » s'articuler entre eux. — Le concept de sujet-supposé-savoir.

*

* *

RÉFÉRENCES

Certains contenus de la première leçon ont été traités dans « Entretien avec J-D. Nasio » réalisé par Maryvonne Rouillier, publié in Pratiques corporelles, *n° 91, juin 1991.*

Certains contenus de la deuxième leçon ont été traités dans l'interview de J.-D. Nasio réalisée par N.-E. Thévenin, « Dramatiser un concept en psychanalyse », publiée in Futur antérieur, *n° 2, L'Harmattan, 1990 ; puis repris et modifiés dans « L'inconscient aujourd'hui », publié in* Bloc-notes, *Genève, avril 1992.*

« Le concept de sujet de l'inconscient » est le texte de l'intervention réalisée dans le cadre du séminaire de J. Lacan « La topologie et le temps », le mardi 15 mai 1979. Ce texte a été publié dans L'Inconscient à venir, *Bourgois, 1980.*

Petite Bibliothèque Payot

Guy Achard, La communication à Rome / **211**
Alfred Adler, Connaissance de l'homme / **26**
Alfred Adler, Le sens de la vie / **47**
Alfred Adler, Le tempérament nerveux / **84**
Alfred Adler, L'enfant difficile / **122**
Ernest Aeppli, Les rêves et leur interprétation / **64**
Alexandrian, Histoire de la philosophie occulte / **205**
Alexandrian, Histoire de la littérature érotique / **230**
René Alleau, De la nature des symboles / **319**
Jacques André, Être médecin à Rome / **256**
Gérard Apfeldorfer, Je mange, donc je suis / **140**
Hannah Arendt, Politique et pensée / **289**
Jean-Paul Aron, Le mangeur du XIXe siècle / **8**
Paul-Laurent Assoun, Freud et la femme / **219**
Piera Aulagnier, Un interprète en quête de sens / **43**
Pierre Avril, Essais sur les partis politiques / **41**
Michael Balint, Le défaut fondamental / **44**
Ilse Barande, Ferenczi / **270**
Jean-Pierre Barou, L'œil pense / **283**
Blandine Barret-Kriegel, L'État et les esclaves / **4**
Charles Baudouin, L'œuvre de Jung / **133**
Walter Benjamin, Charles Baudelaire / **39**
Pierre Benoit, Le langage de la maladie / **318**
Eric Berne, Analyse transactionnelle et psychothérapie / **37**
Roger Beteille, La chemise fendue / **288**
Ernst Bloch, La philosophie de la Renaissance / **201**
Philippe Boulu, La dynamique du cerveau / **124**
François Boureau, Contrôlez votre douleur / **60**
Jean Bourguignon / Charles Houin, Vie d'Arthur Rimbaud / **172**
Régis Boyer, La saga de saint Óláf / **77**
T. Berry Brazelton, Écoutez votre enfant / **74**
T. Berry Brazelton, L'enfant et son médecin / **139**
Jacques Brosse, Mythologie des arbres / **161**
François Burgat, L'islamisme au Maghreb / **241**
Louis-Jean Calvet, Georges Brassens / **129**

Véronique Campion-Vincent/Jean-Bruno Renard,
Légendes urbaines/**338**

Olivier Carré, Le nationalisme arabe/**285**

Bernard Cathelat, Publicité et société/**83**

Léonce Chaleil, La mémoire du village/**192**

Jean-Pierre Chartier, Introduction à la pensée freudienne/**162**

Jean-Pierre Chartier, Les parents martyrs/**163**

Roger Chartier, Pratiques de la lecture/**167**

Malek Chebel, L'esprit de sérail/**265**

Malek Chebel
Le livre des séductions, *suivi de* Dix aphorismes sur l'amour/**284**

Malek Chebel, La formation de l'identité politique/**331**

Léon Chertok, L'hypnose/**10**

Louis Chevalier, Juanito/**213**

Bernard Chevallier / Christophe Pincemaille
L'impératrice Joséphine/**309**

Victor Chklovski, Le voyage de Marco Polo/**127**

Noam Chomsky, Le langage et la pensée/**31**

Commission « Efficacité de l'État » du Xe Plan présidée par
François de Closets, Le pari de la responsabilité/**21**

A. Cohen, Le Talmud/**65**

Peter Collier / David Horowitz, Les Kennedy/**101**

Edward Conze, Le bouddhisme/**223**

Egon C. Corti, Élisabeth d'Autriche/**125**

Egon C. Corti
Vie, mort et résurrection d'Herculanum et de Pompéi/**268**

Youssef Courbage / Philippe Fargues
Chrétiens et Juifs dans l'Islam arabe et turc/**310**

Jean-Jacques Courtine/Claudine Haroche, Histoire du visage/**185**

Maurice Croiset, La civilisation de la Grèce antique/**206**

Liza C. Dalby, Geisha/**106**

Christian David, L'état amoureux/**36**

Christian David, La bisexualité psychique/**326**

Marie-Madeline Davy, Encyclopédie des mystiques I/**273**

Marie-Madeline Davy, Encyclopédie des mystiques II/**274**

Marie-Madeline Davy, Encyclopédie des mystiques III/**275**

Marie-Madeline Davy, Encyclopédie des mystiques IV/**276**

Hélène Deutsch, Problèmes de l'adolescence/**67**

Paul Diel, Le symbolisme dans la mythologie grecque/**7**
Paul Diel, Éducation et rééducation/**19**
Paul Diel, Le symbolisme dans la Bible/**20**
Paul Diel, Psychologie de la motivation/**66**
Paul Diel, La divinité/**71**
Paul Diel, La peur et l'angoisse/**78**
Paul Diel/Jeanine Solotareff
Le symbolisme dans l'Évangile de Jean/**200**
Françoise Dolto/J. D. Nasio, L'enfant du miroir/**110**
Henri Dontenville, Mythologie française/**332**
Jean Doresse, Les livres secrets de l'Égypte/**329**
Albert Einstein, La relativité/**25**
Frank Elgar, Cézanne/**253**
Christine Fauré, Les déclarations des droits de l'homme de 1789/**81**
Sandor Ferenczi, Thalassa/**112**
Thomas Ferenczi, L'invention du journalisme en France/**279**
Marc Ferro, Nicolas II/**62**
Marc Ferro, Comment on raconte l'histoire aux enfants/**82**
Moses I. Finley, Démocratie antique et démocratie moderne/**35**
James G. Frazer, Mythes sur l'origine du feu/**48**
Sigmund Freud
Cinq leçons sur la psychanalyse, *suivi de* Contribution à l'histoire du mouvement psychanalytique/**1**
Sigmund Freud, Totem et tabou/**9**
Sigmund Freud, Psychopathologie de la vie quotidienne/**11**
Sigmund Freud, Essais de psychanalyse/**15**
Sigmund Freud, Introduction à la psychanalyse/**16**
Sigmund Freud/William C. Bullitt
Le Président T. W. Wilson. Portrait psychologique/**27**
Erich Fromm, Le langage oublié/**17**
Erich Fromm, Le cœur de l'homme/**68**
John Kenneth Galbraith, La crise économique de 1929/**3**
Philippe Gillet, Le goût et les mots/**144**
Albert Grenier, Les Gaulois/**202**
Pierre Grimal, L'amour à Rome/**231**
Mirko D. Grmek, Claude Bernard/**69**
Mirko D. Grmek, Histoire du sida/**236**
Béla Grumberger, Le narcissisme/**160**

Jean Guiloineau, Nelson Mandela / **190**
Christian Guyonvarc'h / Françoise Le Roux
La civilisation celtique / **254**
Michael J. Harner, Les Jivaros / **264**
Gisèle Harrus-Révidi, Psychanalyse de la gourmandise/ **314**
Jean Hatzfeld, Histoire de la Grèce ancienne / **226**
Heinrich H. Houben, Christophe Colomb / **93**
Johan Huizinga, L'automne du Moyen Âge / **6**
Édith et François-Bernard Huygue, Les coureurs d'épices / **287**
Karl Jaspers, Initiation à la méthode philosophique / **174**
Alain Joxe, L'Amérique mercenaire / **232**
Odette Joyeux, Le troisième œil. La vie de Nicéphore Niepce / **165**
Carl Gustav Jung / Charles Kérényi
Introduction à l'essence de la mythologie / **168**
Ernst Jünger, Le boqueteau 125 / **240**
Helen A. Keller, Sourde, muette, aveugle / **59**
Paul Kennedy, Naissance et déclin des grandes puissances / **63**
John Maynard Keynes, Essais sur la monnaie et l'économie / **24**
A. Kirkpatrick, Les conquistadores espagnols / **92**
Mélanie Klein / Joan Riviere, L'amour et la haine / **18**
Étienne de La Boétie, Le discours de la servitude volontaire / **134**
Élisabeth Labrousse, La révocation de l'Édit de Nantes / **34**
Étienne Lamazou, L'ours et les brebis / **250**
François Laplantine, L'anthropologie / **227**
Jean-Philippe Lauer, Saqqarah / **107**
T. E. Lawrence, Les sept piliers de la sagesse / **99**
Michel Le Bris, L'homme aux semelles de vent / **95**
Michel Le Bris
Une amitié littéraire : Henry James-Robert L. Stevenson / **177**
Michel H. Ledoux, Introduction à l'œuvre de Françoise Dolto / **262**
Jean-G. Lemaire, La relaxation / **45**
Sous la direction de **Bernard Lewis,** L'islam / **207**
Jean-Pierre Letort-Trégaro, Pierre Abélard / **311**
Anna Lietti, Pour une éducation bilingue / **179**
Lin Yutang, La Chine et les Chinois / **316**
Konrad Lorenz, Évolution et modification du comportement / **33**
Robert Lowie, Histoire de l'ethnologie classique / **49**

Margaret Mahler, Psychose infantile / **30**
Bronislaw Malinowski
La sexualité et sa répression dans les sociétés primitives / **28**
Jean Markale, La femme celte / **108**
Henri Massé, Anthologie persane / **330**
Predrag Matvejevitch, Bréviaire méditerranéen / **251**
Marcel Mauss, Manuel d'ethnographie / **13**
Gérard Mendel, Pour décoloniser l'enfant / **5**
Jack Messy, La personne âgée n'existe pas / **180**
Jacques Meunier, Le monocle de Joseph Conrad / **150**
A. de Mijolla / S. A. Shentoub
Pour une psychanalyse de l'alcoolisme / **40**
Pierre Milza, Voyage en Ritalie / **224**
Eugène Minkowski, La schizophrénie / **328**
Marie Moscovici, Il est arrivé quelque chose / **46**
Georges Mounin, La sémantique / **317**
J. D. Nasio
Enseignement de 7 concepts cruciaux de la psychanalyse / **111**
J. D. Nasio, Cinq leçons sur la théorie de Jacques Lacan / **203**
J. D. Nasio, L'hystérie / **263**
André Neher, L'identité juive / **198**
André Neher, Prophètes et prophéties / **272**
Jean-Pierre Néraudau, Être enfant à Rome / **295**
Rudolf Otto, Le sacré / **218**
Rudolf Otto, Mystique d'Orient et mystique d'Occident / **278**
Marc-Alain Ouaknin
Concerto pour quatre consonnes sans voyelles / **186**
Marc-Alain Ouaknin, Méditations érotiques / **187**
André Parrot, L'archéologie / **303**
Willy Pasini, La qualité des sentiments / **243**
Willy Pasini, Éloge de l'intimité / **306**
Willy Pasini, Nourriture et amour / **335**
Michel Perrin, Le chemin des Indiens morts / **297**
Michel Pinçon / Monique Pinçon-Charlot, La chasse à courre / **269**
Danielle Porte, Le prêtre à Rome / **255**
Jean Poueigh, Le folklore des pays d'oc / **212**
Paul C. Racamier, Les schizophrènes / **32**
Otto Rank, Le traumatisme de la naissance / **22**
Otto Rank, Don Juan, *suivi de* Le double / **23**

Jean-Jacques Rassial, L'adolescent et le psychanalyste / **305**
Wilhelm Reich, Écoute, petit homme ! / **29**
Theodor Reik, Le besoin d'avouer / **325**
Claude Revault d'Allonnes, Être, faire, avoir un enfant / **182**
Emmanuel Ringelblum, Chronique du ghetto de Varsovie / **246**
François Rivenc, Introduction à la logique / **14**
Jean-Noël Robert, Les plaisirs à Rome / **197**
Marthe Robert
La révolution psychanalytique. La vie et l'œuvre de Freud / **2**
Jean Ropars, Au pays d'Yvonne / **138**
Jean Ropars, L'amour de la terre / **233**
Marie Rouanet, Les enfants du bagne / **214**
Catherine Salles, Lire à Rome / **196**
Catherine Salles, Les bas-fonds de l'Antiquité / **220**
Pierre Sansot, Cahiers d'enfrance / **191**
Pierre Sansot, Jardins publics / **257**
Pierre Sansot, La France sensible / **258**
Gershom G. Scholem, La Kabbale et sa symbolique / **12**
Albert Schweitzer, Les grands penseurs de l'Inde / **38**
Marcel Scipion, L'homme qui courait après les fleurs / **249**
Jacques Semelin, Sans armes face à Hitler/**340**
Idries Shah, La magie orientale / **204**
Marc Sherringham, Introduction à la philosophie esthétique / **123**
Jeanine Solotareff, Le symbolisme dans les rêves / **199**
Jérôme Spycket, Clara Haskil / **76**
Constantin Stanislavski, La formation de l'acteur / **42**
Robert Louis Stevenson, Essais sur l'art de la fiction / **98**
Lytton Strachey, La reine Victoria / **126**
Rabindranath Tagore, La maison et le monde / **61**
Wou Tch'eng-en, Le singe pèlerin / **109**
René Thévenin / Paul Coze
Mœurs et histoire des Indiens d'Amérique du Nord / **94**
Robert Turcan, Héliogabale et le sacre du soleil / **327**
Jean-Didier Urbain, L'idiot du voyage / **166**
Jean-Didier Urbain, Sur la plage / **271**
Jean-Didier Urbain, L'archipel des morts/**337**
Kati Varga, L'adolescent violent et sa famille / **304**
Alan W. Watts, Le bouddhisme zen / **70**

Arthur Weigall, Alexandre le Grand / **149**
Donald W. Winnicott, L'enfant et sa famille / **50**
Donald W. Winnicott, Fragment d'une analyse / **113**
Marina Yaguello, Les mots et les femmes / **75**

Petite Bibliothèque Payot / Classiques

Le livre interdit,
textes choisis et présentés par Jean-Christophe Abramovici / **298**
Maine de Biran : la vie intérieure,
textes choisis et présentés par Bruce Bégout / **237**
Les matérialistes au XVIIIe siècle,
textes choisis et présentés par Jean-Claude Bourdin / **280**
Karl Marx, Misère de la philosophie,
textes choisis et présentés par Jean Kessler / **294**
Politique d'Auguste Comte,
textes choisis et présentés par Juliette Grange / **293**
Politique de Condorcet,
textes choisis et présentés par Charles Coutel / **281**
La vision perspective (1435-1740),
textes choisis et présentés par Philippe Hamou / **238**

Petite Bibliothèque Payot / Voyageurs

Edward Abbey, Désert solitaire / **228**
John James Audubon, Journal du Missouri / **142**
Nigel Barley, Un anthropologue en déroute / **176**
Nigel Barley, Le retour de l'anthropologue / **267**
Jean-Michel Barrault, Le sacre et la pensée / **282**
Sybille Bedford, Visite à Don Otavio / **102**
Alain Blottière, L'oasis / **210**
Jean-Claude Bourlès, Retours à Conques / **242**
Nicolas Bouvier, Chronique japonaise / **53**
Nicolas Bouvier, L'usage du monde / **100**
Nicolas Bouvier, Journal d'Aran et d'autres lieux / **155**
Fawn Brodie, Un diable d'homme (Richard Burton) / **130**
Bill Bryson, Motel Blues / **260**
Frank Bullen, La croisière du *Cachalot* / **147**

Richard F. Burton / John Speke, Aux sources du Nil / **58**
Robert Byron, Route d'Oxiane / **137**
Pino Cacucci, Poussières mexicaines / **307**
Théodore Canot, Confessions d'un négrier / **148**
Anita Conti, Géants des mers chaudes / **322**
Anita Conti, Racleurs d'océans/**339**
Jules Crevaux, Le mendiant de l'Eldorado / **135**
Jules Crevaux, En radeau sur l'Orénoque / **193**
Richard H. Dana, Deux années sur le gaillard d'avant / **266**
Daniel Defoe, Les chemins de fortune / **119**
Daniel Defoe, Le grand rêve flibustier / **120**
Paul Del Perugia, Les derniers rois mages / **154**
Charles M. Doughty, Arabia Deserta / **189**
Lady Lucie Duff Gordon, Lettres d'Égypte / **333**
Gerald Durrell, La forêt ivre / **221**
Gerald Durrell, Le aye-aye et moi / **313**
Isabelle Eberhardt, Écrits intimes / **239**
Patrick Leigh Fermor, Courrier des Andes / **159**
Peter Fleming, Courrier de Tartarie / **79**
Peter Fleming, Un aventurier au Brésil / **152**
Robert Fortune, La route du thé et des fleurs / **181**
Robert Fortune, Le vagabond des fleurs / **320**
Louis Garneray, Corsaire de la République / **56**
Louis Garneray, Le négrier de Zanzibar / **80**
Louis Garneray, Un corsaire au bagne / **86**
Robert Graves, Lawrence et les Arabes / **121**
Graham Greene, Routes sans lois / **87**
Werner Herzog, Sur le chemin des glaces / **277**
William H. Hudson, Sous le vent de la pampa / **184**
William H. Hudson, Un flâneur en Patagonie / **194**
Édith et François-Bernard Huyghe
Les coureurs d'épices / **287**
Isabelle Jarry, Théodore Monod / **169**
John Keay, Voyageurs excentriques / **308**
Mary Kingsley, Une odyssée africaine / **143**
Jacques Lacarrière, Chemin faisant / **97**
Gilles Lapouge, Les pirates / **55**
Laurie Lee, Un beau matin d'été / **208**

Barry Lopez, Le chant de la rivière / **234**
Ella Maillart, La voie cruelle / **51**
Ella Maillart, Des monts célestes aux sables rouges / **72**
Ella Maillart, La vagabonde des mers / **85**
Ella Maillart, Oasis interdites / **175**
Ella Maillart, Croisières et caravanes / **247**
Ella Maillart, Ti-Puss / **292**
Ella Maillart, Parmi la jeunesse russe / **324**
Peter Matthiessen, Deux saisons à l'âge de pierre / **151**
Jacques Meunier / Anne-Marie Savarin, Le chant du Silbaco / **104**
Geoffrey Moorhouse, Au bout de la peur / **188**
Présenté par **Jean-Pierre Moreau**
Un flibustier français dans la mer des Antilles / **209**
John Muir, Voyages en Alaska / **235**
Eric Newby, Un petit tour dans l'Hindou Kouch / **90**
Tomás O'Crohan, L'homme des îles / **195**
Redmond O'Hanlon, Au cœur de Bornéo / **54**
Redmond O'Hanlon, Help ! / **146**
Jean-Michel Palmier, Retour à Berlin / **312**
Francis Parkman, La piste de l'Oregon / **153**
Passage du nord-est (Le) / **299**
Jean-Pierre Péroncel-Hugoz, Villes du Sud / **131**
Odette du Puigaudeau, Grandeur des îles / **286**
Jean Rolin, La ligne de front / **96**
Jean Rolin, Journal de Gand aux Aléoutiennes / **244**
Jean Rolin, Chemins d'eau / **300**
Pierre Savorgnan de Brazza, Au cœur de l'Afrique / **183**
Ernest Shackleton, L'odyssée de l'*Endurance* / **128**
Freya Stark, La vallée des Assassins / **321**
Fanny Stevenson, Le voyage de la *Janet Nichol* / **301**
Robert Louis Stevenson, La route de Silverado / **57**
Robert Louis Stevenson, Dans les mers du Sud / **248**
John M. Synge, Les îles Aran / **302**
Colin Thubron, Les Russes / **52**
Colin Thubron, Derrière la Grande Muraille / **118**
Edward John Trelawney
Mémoires d'un gentilhomme corsaire / **88**

Florence Trystram, Le procès des étoiles / **136**
Mark Twain, La vie sur le Mississippi, I / **91**
Mark Twain, La vie sur le Mississippi, II / **105**
Mark Twain, À la dure I / **170**
Mark Twain, À la dure II / **171**
Mark Twain, Le voyage des innocents / **259**
Laurens Van Der Post, Le monde perdu du Kalahari / **291**
Daniel Vaxelaire, Les chasseurs d'épices / **222**
Éric Vibart, Alain Gerbault / **89**
Paul-Émile Victor, L'iglou / **252**
Michel Vieuchange, Smara / **141**
Evelyn Waugh, Bagages enregistrés / **73**
Evelyn Waugh, Hiver africain / **103**
Jacques Yonnet, Rue des Maléfices / **245**
Jan Yoors, Tsiganes / **229**
Gavin Young, C'est encore loin la Chine ? / **164**

Petite Bibliothèque Payot / Échecs

Michel Benoit, Les échecs en trois jours / **215**
Bernard Cafferty, Les 100 meilleures parties de Spassky / **290**
Max Euwe / Walter Meiden, Maître contre amateur / **156**
Max Euwe / Walter Meiden, L'amateur devient maître / **216**
Alexandre Koblentz, L'école des échecs, I / **217**
Alexandre Kotov, L'école des échecs, II / **225**
Bent Larsen, Mes 50 meilleures parties d'échecs / **116**
Emanuel Lasker, Le bon sens aux échecs / **178**
Pierre Meinsohn, Les secrets des maîtres d'échecs / **296**
Aaron Nimzowitsch, Mon système I / **157**
Aaron Nimzowitsch, Mon système II / **158**
Aaron Nimzowitsch, Pratique de mon système / **261**
Ludek Pachman, Les ouvertures / **173**
G. Renaud / V. Kahn, L'art de faire mat / **323**
Richard Réti, Les idées modernes aux échecs / **315**
Michael Stean, Les échecs simples / **114**
Siegbert Tarrasch, Traité pratique du jeu d'échecs / **117**
Xavier Tartacover, Tartacover vous parle / **115**

Ouvrage imprimé sur presse Cameron
par **Bussière Camedan Imprimeries**
à Saint-Amand-Montrond (Cher)
en mars 1998

ISBN 2-228-88839-7

— N° d'impression : 981882/1. —
Dépôt légal : mars 1998.

Imprimé en France